Rosemarie Hesse-Kauter/Petra Hölscher (Hrsg.)

Schritt für Schritt

Selbständig Deutsch lernen
Ein Sprachprogramm

Heft 2

von
Dagmar Müller-Holve
Ulrike Wachter

D1725831

Eugen Hertel
Am Stadtwald 11
63906 Erlenbach
Tel. 09372 / 4969

Vorbemerkung:

Mit dem vorliegenden zweiten Band wird der Lehrgang für individuelles Deutschlernen fortgesetzt. Schüler mit unterschiedlichem Sprachstand können damit in einer Kursgruppe oder einer Klasse kommunikative Techniken, Strukturen und Wortschatz durch differenzierende Verfahren erwerben. Das Material ist so angelegt, daß einzelne Schüler damit ihre Kenntnisse in der deutschen Sprache selbständig erweitern können.

Nonverbale Hinweise, der Einsatz einer Kassette, kommunikative Spiele, Tests sowie Lösungskarten ermöglichen dem Lernenden Schritt für Schritt einen auf individuelle Bedürfnisse abgestimmten Erwerb der Sprachkompetenz.

- Der Lehrgang bietet relevante Sprechsituationen für Sprachanfänger im Alter von 10–15 Jahren an und baut schrittweise die Kommunikationsfähigkeit des Sprachlerners auf.
- Streng systematisch – einer bewährten Progression folgend – sind die grammatischen Strukturen in die kommunikativen Situationen eingebettet. Dabei wird Grammatik induktiv vermittelt. Es wird von Sprachmustern ausgegangen, aus denen Gesetzmäßigkeiten abgeleitet und aufgebaut werden können. Die Lernschritte bauen auf motivierenden, realitätsbezogenen Situationen auf und vermitteln eine aktuelle, altersgemäße Sprache.
- Jede Einheit umfaßt eine Doppelseite. Die erste Seite beinhaltet die Einführung in das jeweilige Lernziel, die zweite Seite sichert den Lernerfolg durch erweiternde Übungen. Darüber hinaus werden zu wesentlichen Lernzielen Spiele angeboten, die sprachhandelndes Lernen ermöglichen.
- Durch zwischengeschaltete Tests kann der Lernende wie auch der Unterrichtende die Fortschritte im Spracherwerb feststellen.
- Die Lösungskarten im Anhang ermöglichen einen vom Schüler selbst gesteuerten Spracherwerb durch die Möglichkeit der Selbstkontrolle. Vor allem aber kann der Schüler mit ihnen vorbereitend üben und lernen.

Alle Kriterien der Konzeption tragen dazu bei, daß der Schüler gerne lernt, im Sprachlernprozeß selbst aktiv wird und dadurch größere Erfolge erzielt.

Rosemarie Hesse-Kauter
Petra Hölscher

Zu dem Lehrgang liegt eine Hörkassette vor, die das Hörverständnis und die Aussprache der Lernenden schult (Best.-Nr. 01413).

Inhaltsverzeichnis

1

Hallo, wie geht's?

1. Im Treppenhaus

Hallo Tom, wie geht's?

Nicht so gut.

Danke gut, und dir?

Warum nicht? Bist du krank?

- ○ Hallo Tom! Wie geht es dir?
- △ Danke gut! Und dir?
- ○ Nicht so gut!
- △ Warum nicht? Bist du krank?
- ○ Ja, ich bin erkältet.
- △ Dann wünsche ich dir gute Besserung!

Danke gut! Und Ihnen?

Guten Morgen, Tom! Wie geht es dir?

Guten Morgen, Frau Klein!

- △ Guten Morgen, Frau Klein!
- □ Guten Morgen, Tom! Wie geht's dir?
- △ Danke gut, und Ihnen? Sind Sie wieder gesund?
- □ Mir geht's wieder gut. Seit wann bist du denn aus den Ferien zurück?
- △ Seit gestern abend. Aber jetzt muß ich gehen. Ich muß einkaufen. Auf Wiedersehen, Frau Klein!
- □ Auf Wiedersehen, Tom!

2. Schreibe ein Gespräch mit deinem Nachbarn oder deiner Nachbarin auf!

Guten Tag, Frau ...!

Guten Tag ...! Wie geht's dir?

Danke gut, und Ihnen?

Auf Wiedersehen, Frau ...!

Mir geht's auch gut. Auf Wiedersehen!

3. In der Schule

Guten Morgen Kinder! Wie geht's?

Danke gut! Und Ihnen?

- ○ Guten Tag, Tom! Na, wie geht's?
- △ Danke gut. Schade, jetzt sind die Ferien vorbei!
- ○ Aber Schule ist doch auch schön.

○ Guten ...
△ Danke ...

4

4. Kannst du die Dialoge zusammensetzen? Schreibe ins Heft!

- Hallo Tom, wie geht's?
- Dann wünsche ich dir gute Besserung!
- Guten Morgen, Frau Klein!
- Guten Morgen, Tom! Wie geht es dir?
- Aber jetzt muß ich gehen! Ich muß einkaufen!
- Danke gut und dir?
- Nicht so gut!
- Mir geht's wieder gut! Seit wann bist du denn aus den Ferien zurück?
- Auf Wiedersehen, Frau Klein!
- Danke gut! Und Ihnen? Sind Sie wieder gesund?
- Ja, ich bin erkältet!
- Warum nicht? Bist du krank?
- Seit gestern abend.
- Auf Wiedersehen, Tom!

5. Hilfst du gern? Ergänze die Dialoge mit dir Ihnen und mir!

In der Schule

du → dir

ich → mir

Kann ich _dir_ helfen?

Ja, hilf _____ bitte, diese Aufgabe ist schwer!

Kann ich _____ helfen?

Ja, hilf _____ bitte.

Ich kann es nicht allein!

du → dir

ich → mir

Sie → Ihnen

Kann ich _____ helfen?

Danke, das ist nett von _____!

Kannst du _____ bitte helfen?

Natürlich, gern!

ich → mir

6. Im Haus

Frage die alte Dame, den alten Herrn im Haus, ob du helfen kannst!

- die Tasche tragen
- einkaufen
- die Blumen gießen
- die Zeitung holen

Kann ich Ihnen die Tasche tragen?

Kann ich _____ ?

Kann ich _____ ?

Kann ich _____ ?

5

Wer ist der erste?

1. Wettkampf

Ich bin der erste!

Ich bin der zweite!

Ich bin die dritte!

Ich bin die vierte!

Ich bin der fünfte!

Ich bin der sechste!

Und ich bin die siebte!

2. Ergänze!

Adnan sagt: „_Ich bin der erste!_"

Stefan sagt: _____

Anna sagt: „_Ich bin die dritte!_"

Eva ruft: _____

Tom sagt: _____

Kostas ruft: _____

Maria sagt: „_Ich bin die siebte!_"

3. Höre die Übung auf der Kassette und setze ein!

8 April — _der achte_ April

17 Juli — _____ Juli

11 Mai — _____ Mai

9 März — _____ März

14 Juni — _____ Juni

12 April — _____ April

4. Schreibe ins Heft!

20 April — _Heute ist der zwanzigste April._

21 Mai — _Heute ist der einundzwanzigste Mai._

5. Im September

Montag	SEPTEMBER	7	14	21	28
Dienstag	1	8	15	22 Herbstanfang	29 Mutter - Geburtstag!
Mittwoch	2	9 Schulanfang	16	23	30
Donnerstag	3	10	17	24	Notizen:
Freitag	4	11 Stefan - Geburtstag!	18	25	
Samstag	5	12	19	26 Sportfest	
Sonntag	6	13 Besuch - Tante Rosa	20 - Zirkus	27	

Schreibe so:

Am neunten September ist...

6. Höre die Geschichte vom Sportfest! Ergänze die Zahlen!

Branko geb. 4.6.79   Stefan geb. 11.9.80

Ziel

Gruppe 1   Gruppe 2

Branko ist am _____ 79 geboren.

Stefan ist am _____ 80 geboren.

Branko ist in der _____ Gruppe.

Stefan ist in der _____ Gruppe.

Beim Laufen ist Branko der _____

und Adnan der _____.

7. Geburtstage

Wann hast du, wann hat deine Mutter, dein Vater, dein Bruder, deine Schwester

Geburtstag?

Mein Bruder hat am _____ Geburtstag.

Geburtstags-kalender

8. Feiertage

Wann sind in diesem Jahr Feiertage? Schau in den Kalender!

Neujahr ist am ersten Januar.

9. Setze ein!

Branko ist der *erste* _____ .

Adnan ist der _____ .

und Tom ist der _____ .

T 3.   A 2.   B 1.

3.   1.   2.

• Anna fängt an, sie ist die _____ .

Dann kommt Eva, sie ist die _____ .

Die _____ ist Maria.

Maria: Am _____ .

Stefan: _____ .

Eva: _____ .

Wann bist du geboren?   Am 11.9.80   Am 7.1.76   Am 3.5.76

M   S   E

10. Frage deine Klassenkameraden: „Wann hast du Geburtstag?"

Schreibe dann einen Geburtstagskalender für das Klassenzimmer.

Hast du Zeit?

Lernschritt 3
Hier lernst du ausdrücken, was du tun mußt

1. Am Morgen

① Ich muß _aufstehen_ .

② Ich muß _____ .

③ _____ frühstücken.

④ _____ in die Schule gehen.

KLINGEL KLINGEL

Jetzt kann der Tag beginnen!

MÜSLI

① aufstehen

③ frühstücken

④ in die Schule gehen

② die Zähne putzen

Und du?

Ich muß _____

_____

2. Jeder muß etwas tun

So kannst du andere fragen:

noch Hausaufgaben machen

helfen

einkaufen

Blumen gießen

Mußt du auch ...?

Na klar, ich muß auch...

Klar, muß er ...

Muß Robert auch immer ...?

Aber muß Maria denn auch ...?

Sicher muß sie ...

ich muß
du mußt
er muß
sie muß
sie müssen

3. Ein Telefongespräch

Peter: Frau Meier,
kann Robert zum Sportplatz kommen oder _____ _____ noch Hausaufgaben machen?
„Kommt Maria gleich mit oder _____ _____ auch noch arbeiten?"

Frau Meier: „Ja, Peter, die sind beide noch nicht ganz fertig. _____ _____ denn nichts mehr für die Schule tun?"

Peter: „Doch, _____ _____ noch Mathematik fertig machen. Können Robert und Maria in einer Stunde kommen?"

Frau Meier: „Ja, das geht."

4. **Morgen willst du etwas tun. Du mußt es heute vorbereiten.**

A: Morgen will ich das Fußballspiel ansehen.
B: Da mußt du aber heute noch
die Karten holen!

(du/die Karten holen)

A: Morgen will ich meine kranke Tante besuchen.

B: _Da mußt du_ _____ (du/die Blumen

_____ ! kaufen)

A: Morgen wollen wir ins Schullandheim fahren.

B: _____ (du/den Koffer

_____ ! packen)

A: Morgen will ich zum Arzt gehen.

B: _____ (du/den Kranken-

_____ ! schein besorgen)

5. **Was sagst du hier?** „Ich muß …" oder „Ich möchte…"

Ich _____ Fahrrad fahren.

Ich _____ Federball spielen.

Ich _____ zum Zahnarzt gehen.

_____ jetzt in die Schule gehen.

_____ Tischtennis spielen.

_____ jetzt fernsehen.

_____ noch die Blumen gießen.

Spiele dazu mit dem Satzkreisel „Dreh und stop!" im Spieleteil!

9

Was ist los in Haus Nummer 4?

Lernschritt 4
Über Tätigkeiten sprechen

1. Alle müssen helfen

Frau Müller muß bügeln.
Sie müssen Hausaufgaben machen.
Er muß den Tisch decken.
Sie müssen Wäsche aufhängen.
Sie müssen aufräumen.
Er muß die Bretter sägen.

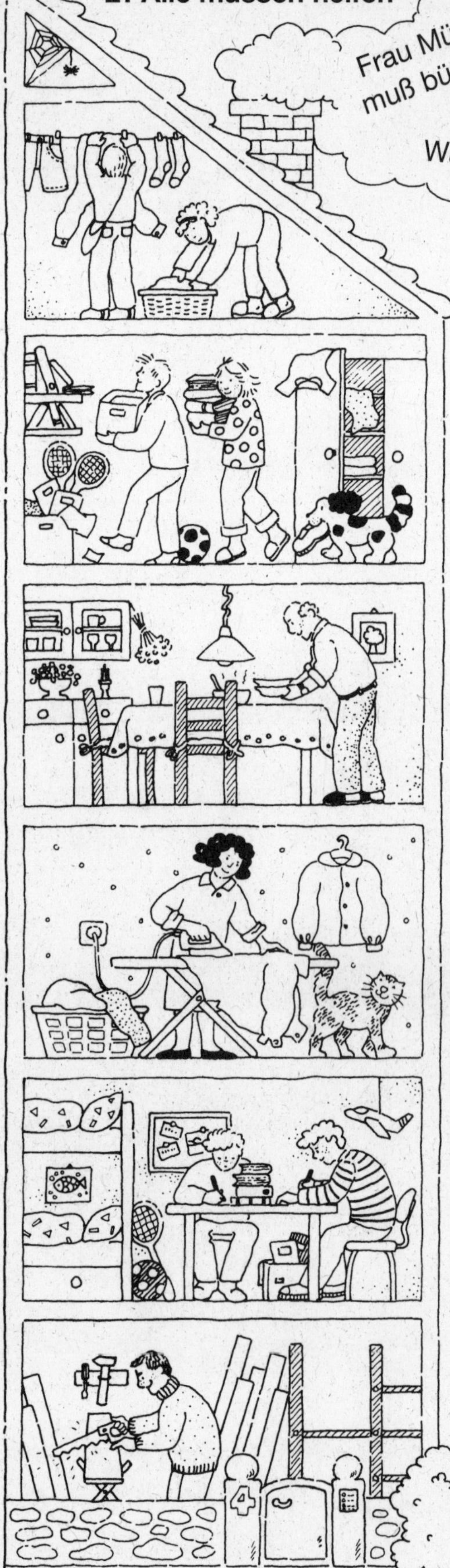

Die Kinder sind auf dem Speicher.
Sie müssen Wäsche aufhängen.

Das Zimmer ist so unordentlich.

____

____

Das Essen ist fertig.

____

____

Die Wäsche ist trocken.

____

____

Die Kinder können nicht spielen.

____

____

Vater baut ein Regal.

____

____

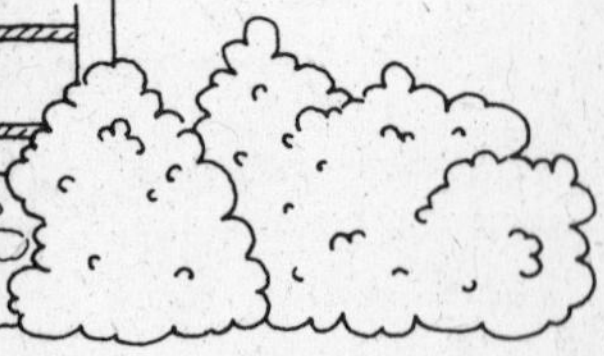

2. Schreibe auf, was du im Haus siehst!

Möbel	Elektrogeräte

Benutze das Wörterbuch!

3. Welches dieser Wörter paßt zu welchem Bild? Setze ein!

muß   kann   will   soll   möchte   darf

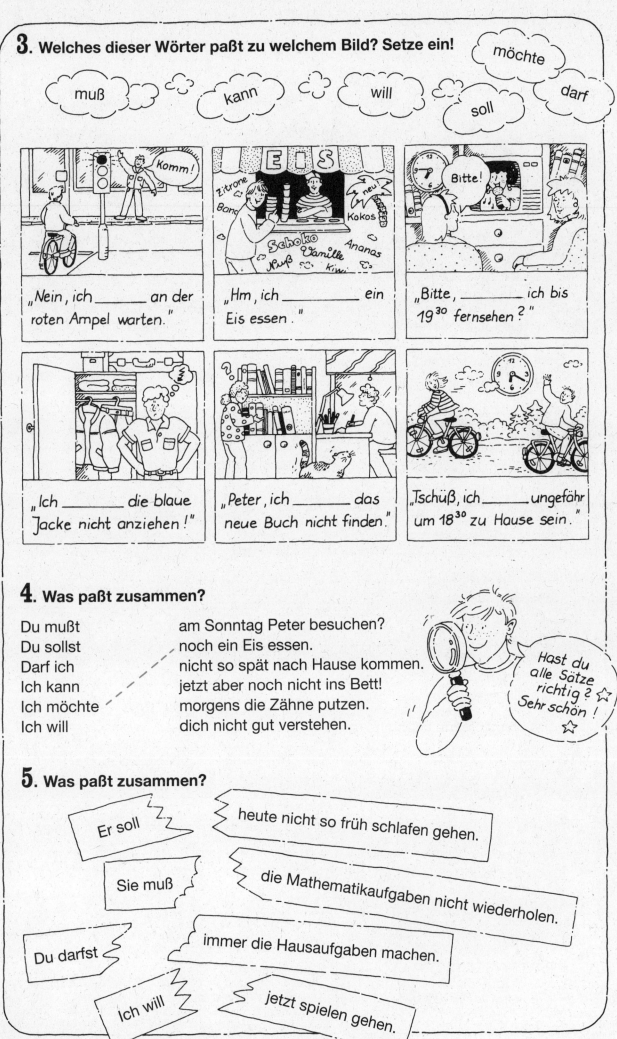

„Nein, ich _____ an der roten Ampel warten."

„Hm, ich _____ ein Eis essen."

„Bitte, _____ ich bis 19³⁰ fernsehen?"

„Ich _____ die blaue Jacke nicht anziehen!"

„Peter, ich _____ das neue Buch nicht finden."

„Tschüß, ich _____ ungefähr um 18³⁰ zu Hause sein."

4. Was paßt zusammen?

Du mußt   am Sonntag Peter besuchen?
Du sollst   noch ein Eis essen.
Darf ich   nicht so spät nach Hause kommen.
Ich kann   jetzt aber noch nicht ins Bett!
Ich möchte   morgens die Zähne putzen.
Ich will   dich nicht gut verstehen.

Hast du alle Sätze richtig? ☆ Sehr schön! ☆

5. Was paßt zusammen?

Er soll   heute nicht so früh schlafen gehen.

Sie muß   die Mathematikaufgaben nicht wiederholen.

Du darfst   immer die Hausaufgaben machen.

Ich will   jetzt spielen gehen.

11

Wo wohnst du denn?

1.

○ Du bist neu hier, oder?
△ Ja!
○ Wie heißt du denn?
△ Ich heiße Kostas.
○ Kommst du aus der Türkei?
△ Nein, aus Griechenland.
Und wie heißt du?
△ Ich heiße Stefan.

Und du?
Wie heißt du? Woher kommst du?

Ich _____

_____

_____

aus Griechenland
aus Polen
aus Schweden
aus Jugoslawien
aus Rumänien
aus der Sowjetunion
aus Spanien
aus Ungarn
aus der Türkei

2. Schreibe noch mehr Fragen und Antworten auf!

3. Im Büro

Der Schüler Kostas Greco, bitte ins Büro!

○ Hörst du, Kostas?
Du sollst ins Büro!
△ Ich geh' schon.

BÜRO

☐ Guten Tag, Kostas. Ich brauche noch ein paar Informationen.
Wann bist du geboren?
△ Ich bin am sechzehnten zweiten zweiundachtzig geboren.
☐ Und wo?
△ In Athen, in Griechenland.
☐ Wo wohnst du denn?
△ In der Bayerstraße einunddreißig.

Und du? Wann bist du geboren?

Ich _____

Und wo bist du geboren?

_____

4. Schreibe auch so:

21.5.84   5.3.83   24.12.82
7.1.80   30.8.81

Ich bin am 7.1.80 geboren.

Ich bin in Warschau, in Polen geboren.

Warschau Polen

Ankara Türkei
Stockholm Schweden
Budapest Ungarn
Bukarest Rumänien
Madrid Spanien
Rom Italien

5. Nach dem Unterricht

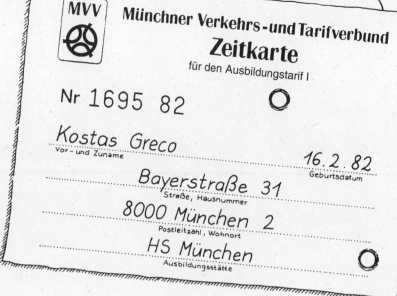

Stefan: Zeig mal, ist das dein Fahrausweis?
Kostas: Ja, ganz neu!
Stefan: Du wohnst ja in meiner Straße!
Kostas: Ich wohne in der Bayerstraße 31.
Stefan: Und ich Nr. 27. Da können wir ja zusammen fahren!

Und du? Wo wohnst du?

Ich _____

6. Im Bus

Mann: Fahrscheinkontrolle! Die Fahrausweise, bitte!
Stefan: Hier, bitte.
Mann: Danke, und deinen Ausweis, bitte!
Kostas: Hier – nein - hier auch nicht.
Au weia, ich glaub, der liegt noch im Schulhof.
Mann: Tut mir leid, junger Mann, Schwarzfahren kostet 60 Mark.
Und jetzt: Wie heißt du? Wo wohnst du?
Kostas: Ich heiße Kostas Greco und wohne in der Bayerstraße 31.
Aber ich habe wirklich einen Ausweis! Ganz neu!
Mann: Dann kostet es nur 5 Mark, aber du mußt den Ausweis beim Zahlen zeigen. Also nie den Ausweis vergessen!
Auf Wiedersehen!

7. Schreibe ein Gespräch im Sekretariat der Schule auf!

8. Spiel mit Mitschülern in der Gruppe: „Wie heißt er? Wie heißt sie?"

Einer fragt: „Wie heißt er? Wie heißt sie?" und buchstabiert den Namen, z.B. M – I – C – H – A – E – L. Wer zuerst den Namen nennt, fragt weiter.
Oder: Vor- und Nachname
oder: rückwärts buchstabieren

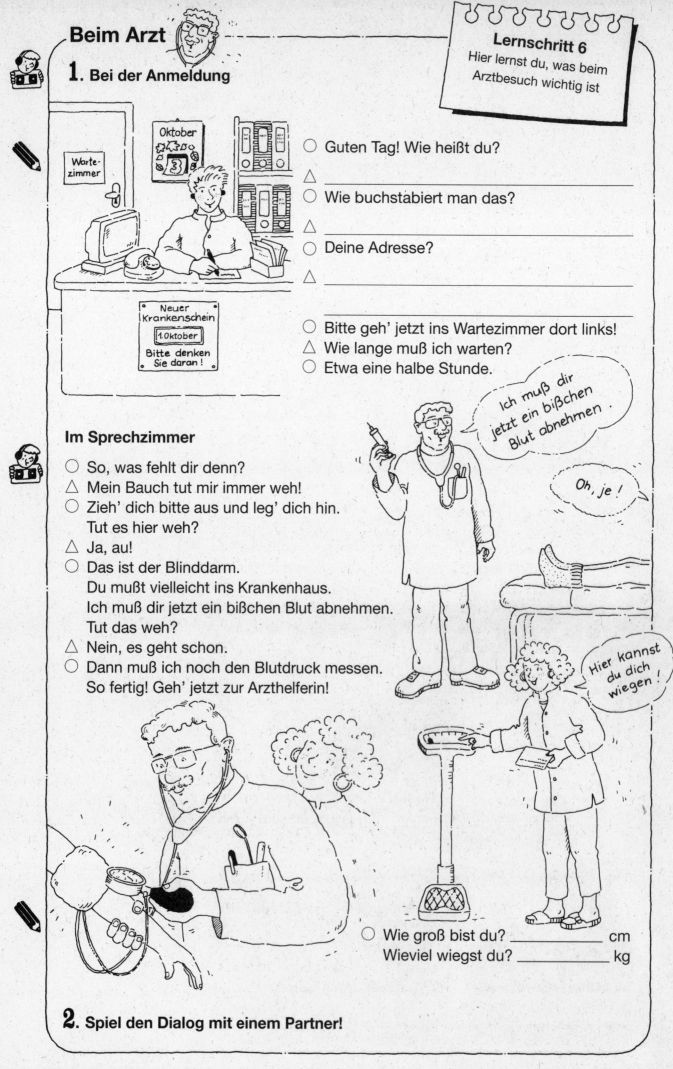

Beim Arzt

1. Bei der Anmeldung

Warte-zimmer

Oktober
3

Neuer Krankenschein
1.Oktober
Bitte denken Sie daran !

○ Guten Tag! Wie heißt du?
△ _____

○ Wie buchstabiert man das?
△ _____

○ Deine Adresse?
△ _____

○ Bitte geh' jetzt ins Wartezimmer dort links!
△ Wie lange muß ich warten?
○ Etwa eine halbe Stunde.

Ich muß dir jetzt ein bißchen Blut abnehmen.

Oh, je !

Im Sprechzimmer

○ So, was fehlt dir denn?
△ Mein Bauch tut mir immer weh!
○ Zieh' dich bitte aus und leg' dich hin.
   Tut es hier weh?
△ Ja, au!
○ Das ist der Blinddarm.
   Du mußt vielleicht ins Krankenhaus.
   Ich muß dir jetzt ein bißchen Blut abnehmen.
   Tut das weh?
△ Nein, es geht schon.
○ Dann muß ich noch den Blutdruck messen.
   So fertig! Geh' jetzt zur Arzthelferin!

Hier kannst du dich wiegen !

○ Wie groß bist du? _____ cm
   Wieviel wiegst du? _____ kg

2. Spiel den Dialog mit einem Partner!

die Waage

3. Setze ein!

① die Waage ② die Spritze ③ das Blut ④ das Pflaster ⑤ der Verband
⑥ der Tropfen, die Tropfen ⑦ die Tablette, die Tabletten ⑧ das Zäpfchen
⑨ der Saft ⑩ das Rezept

Lerne die Wörter! Decke die Wörter zu und zähle auf! Wie viele hast du behalten? Schreibe auswendig!

4. Schau zu Hause nach und schreibe auf:

Wir haben Tropfen. Wir haben ...
Wir haben keine Spritze. Wir haben keine ...

5. Beim Arzt   Bilde Sätze!

Du	mußt	das ein den die	Zäpfchen Tropfen Saft Tabletten	nehmen in der Apotheke holen
Ich	gebe	dir	ein ein eine einen	Pflaster Rezept Spritze Verband

6. Schreibe auch so: Der Arzt gibt mir ...

Spiel in der Gruppe: „Was fehlt dir denn?"

Test 1

1. Schau auf die Zeichnung! Ergänze!

Guten _____Morgen_____ ! 🕐 ⏲ 8.00

Na, _____ geht's dir?

Danke, _____ und _____ ?

Danke, _____ so gut.   Kann ich _____ helfen?

Danke, das ist nett von _____ .

Von 6 Punkten _____

2. Schau auf das Bild!

Goran   Adnan   Maria   Ziel   Thomas

Thomas ist der _____ .

Goran ist der _____ .

Maria ist die _____ .

Adnan ist der _____ .

Von 4 Punkten _____

3. Wann haben sie Geburtstag?

4 April.   _____Am vierten_____ April.

9 Mai.   _____ Mai.

22 Juni.   _____ Juni.

31 September.   _____ September.

18 Juli.   _____ Juli.

Von 4 Punkten _____

4. Welches dieser Wörter paßt zu welchem Bild?
Setze ein!

muß   darf   soll   kann   möchte   will

„Tschüß, ich _____ ungefähr um 18³⁰ zu Hause sein."

„Peter, ich _____ das neue Buch nicht finden."

„Bitte, _____ ich bis 19³⁰ fernsehen?"

16

„Ich _____ die blaue Jacke nicht anziehen!"

„Nein, ich _____ an der roten Ampel warten."

„Hm, ich _____ ein Eis essen."

Von 6 Punkten _____

5. **Wie heißt das?**

d _____

d _____

d _____

d _____

d _____

d _____

Von 6 Punkten _____

6. **Bilde vier Sätze mit den Wörtern im Kasten!**

_____

_____

_____

_____

Ich Du Er	gibt gebe gibst bekommt bekomme bekommst		einen ein eine	Pflaster Rezept Spritze Verband

Von 4 Punkten _____

Gesamtpunktzahl _____
(von 30 Punkten)

30–25 Punkte: Prima! Du kannst schon sehr viel.
24–19 Punkte: Du hast gut gelernt! Weiter so!
18–12 Punkte: Du hast schon viel gelernt, kannst aber noch besser werden!
11–6   Punkte: Lerne bitte genauer und übe mehr. Wiederhole die Übungen!
 5–0   Punkte: Schade, du kannst es noch nicht. Übe noch einmal von vorne!

Ein Schultag

1. **1. Stunde Deutsch**

Lies die Geschichte!

Wie heißen die Mädchen?

Was sagen die Männer?

Wo spielen die Kinder?

Wo arbeiten die Frauen?

Stundenplan
1. Deutsch
2. Sport
3. Sport
4. Mathematik
5. Werken
6. Werken

2. **Setze ein!**

das Mädchen   *die* _____

die Frau   _____

das Kind   _____

der Mann   _____

3. **In der 2. und 3. Stunde ist Sport**

Baut schnell die Stationen auf! 2 Bänke, 2 Kästen, 2 Matten und 2 Medizinbälle.

Stundenplan
1. Deutsch
2. Sport
3. Sport
4. Mathematik
5. Werken
6. Werken

① Auf der Matte 3 Min. radfahren

② 20mal die Beine über den Medizinball heben

④ Über den Kasten springen

③ Vor und zurück über die Bank hüpfen

4. **Schreibe die Mehrzahl**

die < Matte *die Matten*   der < Medizinball *die* _____

Bank _____   Kasten _____

5. **Was sollen die Schüler beim Sport machen?**

Sie sollen auf der Matte _____

18

6. 4. Stunde: Mathematik!

Verwandle die folgenden Brüche in Dezimalzahlen, indem du die Zähler durch die Nenner dividierst!

Kannst du mir diese Aufgabe erklären?

Sicher. Lies mal vor!

$\frac{3}{4}$ ← oben ist der Zähler
← unten ist der Nenner

Das Ganze ist der Bruch → $\frac{3}{4}$ Jetzt teilst du 3 durch 4 also $3 : 4 = 0{,}75$

30
28
20
20

das ist die Dezimalzahl!

Stundenplan
Deutsch
Sport
Sport
4. Mathematik

Klar, das ist ja ganz einfach!
Zähler sind über dem Bruchstrich -
Nenner sind unter dem Bruchstrich .
Dezimalzahlen sind die mit dem Komma .

Verstehst du jetzt ?

7. Ergänze!

der	Bruch		die	*Brüche*
der			die	Zähler
der	Nenner		die	
die			die	Dezimalzahlen

8. In der 5. und 6. Stunde ist Werken

Bitte, ich brauche…

… einen Nagel.
… eine Säge.
… einen Handbohrer.

Die Nägel…
Die Sägen…
Die Handbohrer…

… sind dort im Schrank !

der

viele

Nach der Arbeit:

Die _____ kommen alle wieder in den Schrank.

9. Ordne alle neuen Wörter in eine Tabelle!
Findest du noch mehr?

–	– er	– e	– n	– en
Nenner	Männer	Brüche	Matten	Dezimalzahlen

10. Schreibe Wortkarten: Vorderseite Singular, Rückseite Plural.

der Baum   *die Bäume*

19

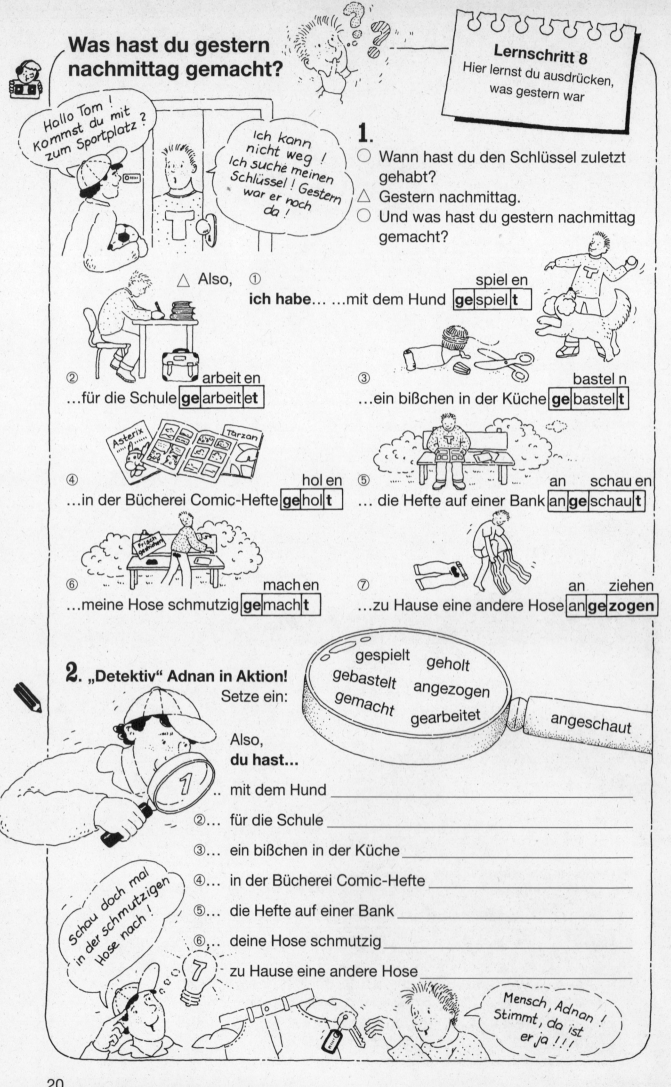

Was hast du gestern nachmittag gemacht?

Hallo Tom! Kommst du mit zum Sportplatz?

Ich kann nicht weg! Ich suche meinen Schlüssel! Gestern war er noch da!

1.
○ Wann hast du den Schlüssel zuletzt gehabt?
△ Gestern nachmittag.
○ Und was hast du gestern nachmittag gemacht?

△ Also, ① **ich habe**… …mit dem Hund | ge | spiel | t | spiel en

② …für die Schule | ge | arbeit | et | arbeit en

③ …ein bißchen in der Küche | ge | bastel | t | bastel n

④ …in der Bücherei Comic-Hefte | ge | hol | t | hol en

⑤ … die Hefte auf einer Bank | an | ge | schau | t | an schau en

⑥ …meine Hose schmutzig | ge | mach | t | mach en

⑦ …zu Hause eine andere Hose | an | ge | zogen | an ziehen

2. „Detektiv" Adnan in Aktion!
Setze ein:

gespielt   geholt
gebastelt   angezogen
gemacht   gearbeitet   angeschaut

Also,
du hast…

①… mit dem Hund _____

②… für die Schule _____

③… ein bißchen in der Küche _____

④… in der Bücherei Comic-Hefte _____

⑤… die Hefte auf einer Bank _____

⑥… deine Hose schmutzig _____

⑦ zu Hause eine andere Hose _____

Schau doch mal in der schmutzigen Hose nach!

Mensch, Adnan! Stimmt, da ist er ja!!!

3. Erzähle!

Gestern nachmittag hat Tom zuerst mit dem Hund gespielt. Dann hat er… .
Danach hat er… . Später hat er… . Er hat… . Da hat er seine Hose… .
Dann hat er… .

4. Und du, Adnan? Was hast du gestern nachmittag gemacht?

Also, mein Bruder und ich …

im Supermarkt einkaufen:

Wir haben im Supermarkt eingekauft.

im Freizeitheim Tischtennis spielen:

Wir haben

im Park Fußball spielen:

Wir

mit dem Vater basteln:

einen Fernsehfilm anschauen:

5. Schreibe Sätze! Es gibt viele Möglichkeiten!

| Sie haben | im Supermarkt
im Freizeitheim
im Park
mit dem Vater | Tischtennis
Fußball
einen Fernsehfilm | an**ge**schau**t**
gebastel**t**
gespiel**t**
gespiel**t**
ein**ge**kauf**t** |

6. Und du? Was hast du gestern nachmittag gemacht?

7. Frage deine Freunde: „Was hast du gestern nachmittag gemacht?"

Domino: Schreibe auf kleine Karten einen Satz im Perfekt und ein Verb im
Infinitiv: z.B.

| *Wir haben mit dem Hund gespielt.* | *arbeiten* | *Er hat für die Schule gearbeitet.* | *basteln* |

Ferienerlebnisse

1.

schlafen

kaufen

kaufen

kochen

Was hast du denn gestern nachmittag gemacht? Du warst nicht zu Hause.

Stimmt! Ich habe meinen Vetter besucht. Es war toll! Wir haben ...

tauschen

üben

Bei mir war's nicht so gut. Ich habe viel gearbeitet. Ich habe ... Aber heute habe ich Zeit!

Das ist gut. Dann machen wir heute was zusammen. Ja? Ab halb drei?

Okay, bis dann.

holen

putzen

spielen

schießen

2. Schreibe die passenden Nummern in die Bilder!

① lange geschlafen
② Deutsch geübt
③ mein Zimmer geputzt
④ Gemüse gekauft
⑤ Gemüsesuppe gekocht

⑥ ein Kartenspiel gekauft
⑦ für jeden ein Eis geholt
⑧ Tischtennis gespielt
⑨ sogar ein Tor geschossen
⑩ Aufkleber getauscht

3. Was sagt Maria?

Ich habe Deutsch geübt.
Ich habe ...

Und Paul?

Ich habe ein Kartenspiel gekauft. Ich habe ...

4. Was hat Paul alles gemacht?

Er hat ein Kartenspiel gekauft. Er hat für jeden ...

5. Maria erzählt. Setze ein!

„Erst hat er seinen Vetter _besucht._ Beim Fußballspiel hat er ein tolles

Tor _____. Dann hat er mit Rudi Tischtennis _____.

Auf dem Weg nach Hause hat er noch ein Kartenspiel _____, und für

jeden ein Eis _____. „Und was macht ihr heute?" „Mal sehn. Tschüß"

22

6. Man kann so viel in den Ferien machen. Die Ferien sind vorbei. Du kannst erzählen, was du gemacht hast.

Man kann ...   *Wir haben ...*

im Meer baden	ge _____ t	_____ gebadet.
Muscheln sammeln	ge _____ t	
Wanderungen und Picknick machen	ge _____ t	
Tischtennis oder Fußball spielen	ge _____ t	
Freunde besuchen	_____ t	_____ besucht.
Tiere beobachten	_____ t	
Fische fangen	ge _____	
Geschichten lesen	ge _____	
...und lange schlafen	ge _____	

7. Ein Ferienerlebnis.
Was paßt? Setze die richtige Nummer ein!

Ich habe...
Mein Bruder hat...
Er hat...
Wir haben...

2	mir den Schlüssel gegeben.	(geben)
	viel erzählt, gelacht und gespielt.	(spielen)
	den Schlüssel verloren.	(verlieren)
	geheiratet.	(heiraten)
	den Schlüssel wieder gefunden.	(finden)
	Rudi getroffen.	(treffen)
	meinem Bruder alles erklärt.	(erklären)
	alle zusammen gelacht.	(lachen)

8. Schreibe einen kleinen Brief!
Erzähle, was du in letzter Zeit gemacht hast!

Ein Brief an Maria

1. Thomas: Ich schreibe an Maria.
Ob sie wohl antwortet?

Peter, kannst du mir helfen? Ich will Maria schreiben. Aber vielleicht lacht sie. Ich mache noch so viele Fehler!

Na klar! Ich helfe dir!

Also man sagt, wenn es schon gestern war: „Ich bin gegangen."

Ich sage z. B.: Ich gehe zum Schwimmen – aber gestern, nicht jetzt. Ich fahre mit dem Boot – vorgestern.

Ich schreib dir alles auf!

Alles klar. Jetzt versuch' ich es! Danke!

2.

① + ⑤ bin…gewesen
② bin…gefahren
③ + ⑥ sind gegangen
④ sind…gefahren

Liebe Maria!

Ich erzähle Dir etwas von meinen Ferien. Ich _____ gestern am Ammersee

_____①(sein). Ich _____ dort mit dem Boot _____

② (fahren). Dann _____ wir alle zu Fuß zum Schloß _____

③(gehen). Das war sehr schön. Bei meinen Verwandten _____ wir mit dem Rad

_____④(fahren). Ich _____ der erste _____

⑤(sein). Wir _____ dann alle in die Eisdiele _____⑥(gehen).

Meine Tante hat mir eine Riesenportion Eis gekauft.

Es geht mir also gut. Wie geht's Dir?

Viele Grüße   Thomas

Peter, ist das so richtig?

Super ! Da lacht Maria dich nicht aus. Vielleicht antwortet sie.

3. Frage jemanden:

„Bist du schon mal in Amerika gewesen?" „Bist du schon mal geflogen?"

„Bist du schon mal mit einem Schiff gefahren?"

4. Du kannst noch mehr erzählen

Such dir hier etwas aus!

Ihr seid	gestern	mit dem Bus	gefahren
		mit dem Boot	
Sie ist	vorgestern	mit dem Fahrrad	
		mit dem Flugzeug	geflogen
Ich bin	letzte Woche	ins Schwimmbad	
		ins Museum	gegangen
Du bist	am Mittwoch	zu meiner Freundin	
		mit Anna um die Wette	gelaufen
Er ist	heute früh	durch den Park	
		im Wald	gerannt
Wir sind	im Sommer	im Kino	
		bei meinen Verwandten	
Sie sind		auf dem Sportplatz	gewesen

Schreibe so:

Ich bin gestern mit dem Bus gefahren.

5.

He, schau mal Peter!
Maria hat geschrieben.

Siehst du! Hab'
ich dir doch gesagt!

Lieber Thomas!

Vielen Dank für Deinen Brief! Ich habe mich sehr gefreut. Hier ist auch viel passiert. Gestern _____ ich mit meiner Tante im Obstgarten _____ (sein). Ich _____ dort auf einen Apfelbaum _____ (klettern), und habe viele Äpfel gepflückt. Auf einmal _____ ich vom Baum _____ (fallen). Mein Knie ist jetzt dick und tut weh. Sonst geht es mir aber gut.

Viele Grüße

Maria

So bin ich geklettert!

So bin ich gefallen!

25

Im Sportverein

1.

○ Du, im Sportverein ist heute „Tag der offenen Tür"! Kommst du mit?
△ Aber ich bin nicht Mitglied!
○ Macht doch nichts – „Tag der offenen Tür" heißt: offen für alle!

Beim 400-m-Wettlauf

○ Die Nummer 3 läuft schnell.
△ Die Nummer 5 holt schnell auf.
○ Aber die Nummer 1 läuft nicht so schnell.

An den Geräten

○ Die Blonde turnt toll.
△ Aber das kleine Mädchen turnt auch gut!
○ Und der Junge turnt auch nicht schlecht.

Beim Hochsprung

Der Junge springt hoch.

Beim Weitsprung

Das Mädchen springt weit.

2. Beim Fußballspiel FC Blau gegen FC Rot

das Tor
der Torwart
der Linksaußen
der Rechtsaußen
der Stürmer
der Libero

Bilde Sätze!

	Junge		schnell
	Torwart	hält	sicher
Das	Linksaußen	spielt	geschickt
Der	Stürmer	zielt	genau
	Rechtsaußen	trifft	phantastisch
	Libero	läuft	weit
	Mädchen		schlecht

Schreibe Sätze!

Der Torwart hält sicher.
Der Linksaußen ...

Das war toll! Danke fürs Mitnehmen.

Vielleicht willst du auch Mitglied werden? Das ist gar nicht teuer!

3. Am nächsten Tag

○ Guten Tag!
△ Hallo ihr zwei!
○ Mein Freund hier möchte auch Mitglied werden.
△ Prima, die Anmeldung geht ganz einfach und schnell.

·TSV·Neustadt
Anmeldung

Name ....
.... Vorname ....
Adresse ....
Mitglied ab: ....
....
Bei Minderjährigen Unterschrift des Erziehungsberechtigten
Kontonummer .... Bankverbindung ....

Schreibe deutlich deinen Namen und deine Adresse auf die Anmeldung !

Bring schnell das Blatt mit der Unterschrift zurück !

Du bekommst sofort den Ausweis !

Füll sauber die Zeilen aus !

Du darfst gleich mitmachen !

○ Wir schauen mal auf den Trainingsplan!
△ Toll, jetzt um 3 Uhr ist Tischtennis. Vielleicht können wir mitmachen?

TRAININGSPLAN

ZEIT	MONTAG	DIENSTAG	MITTWOCH
9 – 10	Volley-Ball Gymnastik	Aerobik Basketball Taekwondo	Mutter und Kind Gymnastik Volley - Ball
10 – 11			
11 – 12			
1 – 2		Leichtathletik Fußball Fußball	Jazz - Dance Tischtennis
2 – 3	Tischtennis		
3 – 4	"		

4.

TRAINER

Steh fest auf den Füßen !

Halte den Schläger fest in der Hand !

Spiel locker aus der Schulter !

Steh locker in den Knien !

Ziel genau auf die Platte !

Spiel genau über das Netz !

der Schläger

das Netz

die Platte

5. Schreibe so:

Ich muß fest auf den Füßen stehen. Ich muß ...

6. Spiele Radio-Reporter:

„Meine Damen und Herren, der Libero läuft phantastisch! ..."

Die Zitrone ist aber sauer!

Hm, die Banane ist süß!

Brr! Die Zitrone ist aber sauer!

1. Ergänze!

alt · leer · dünn · klein · kurz · hart · heiß · sauer · traurig

spitz — stumpf

lang — k_____

voll — l_____

dick — d_____

groß — k_____

neu — a_____

weich — h_____

süß — s_____

kalt — h_____

fröhlich — t_____

2. Bilde Sätze!

ist · sind

Oh! Alles durcheinander!

Versuch's, mach's richtig!

Ein Bleistift …
Die Banane …
Die Zitrone …
Eine Tasche …
Ein Heft …
Die Limonade …
Eine Hose …
Der Kakao …
Ein Kind …
Ein Paar Schuhe …
Ein Federmäppchen …
Ein Lineal …

heiß · neu · spitz · voll · groß · leer · alt · fröhlich · kurz · hart · dick · traurig · süß · weich · stumpf · lang · kalt · klein · dünn · sauer

3.

Ein Bleistift ist stumpf, ein Bleistift ist spitz. Die Banane ist süß, die Zitrone ist ___.

4. Diese Sachen gehören Peter

Er ist so angezogen:

Seine Mütze ist
aus Leder.

Sein Hemd
ist kariert.

Sein Pullover ist
warm.

Seine
Schuhe
sind weich.

Und diese gehören Maria

Sie ist so angezogen:

Ihr Haarband ist aus
Stoff.

Ihre Bluse ist weiß.

Ihr Rock ist kurz.

Ihre
Schuhe
sind neu.

Schau, sein(e)...

sein Hemd	**das**	**ihr** Haarband
seine Hose	**die**	**ihre** Bluse
sein Pullover	**der**	**ihr** Rock
seine Schuhe	**die**	**ihre** Schuhe

Schau, ihr(e)...

5. Beschreibe, wie die Kinder angezogen sind!

Maria	Peter
Ihr Haarband	*Seine Mütze*

6. Wem gehört das?

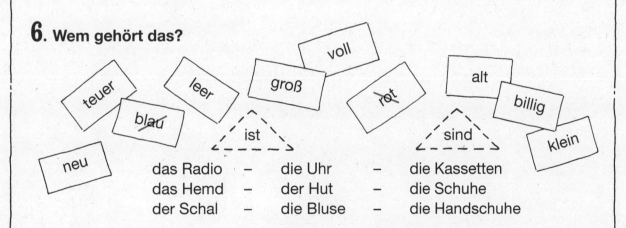

teuer · leer · voll · groß · rot · alt · billig · blau · ist · sind · klein · neu

das Radio	–	die Uhr	–	die Kassetten
das Hemd	–	der Hut	–	die Schuhe
der Schal	–	die Bluse	–	die Handschuhe

Schreibe so:

Das Hemd gehört Paul. Sein Hemd ist blau.
Der Schal gehört Monika. Ihr Schal ist rot.

S. 103

29

Wo ist der Vogel?

Lernschritt 13
Hier lernst du sagen,
wo etwas ist

1. Anna läßt ihren Vogel fliegen.
Er fliegt im ganzen Zimmer herum.
Er sitzt mal hier, mal dort.
Da läutet das Telefon … Annas Freundin Rosa ruft an:

Sitzt er auf dem Schrank?

○ Hallo Anna!
△ Hallo Rosa!
○ Huch!
△ Was ist denn los?
○ Rate mal, wo mein Vogel gerade sitzt!

der Käfig

2. Rate du auch!

Wo?

das Regal
der Schrank
das Bett
der Stuhl
der Teppich
der Fußboden
der Schreibtisch
der Sessel
das Sofa

auf dem…	
der Schrank	das Bett
der Schreib-tisch	
der Stuhl	das Regal
der Sessel	das Sofa
der Teppich	
der Fußboden	
der Käfig	

Sitzt er auf dem

3. auf der…

die Lampe
die Schultasche
die Vase
die Fensterbank

die Fensterbank
die Lampe
die Vase

Nein, er sitzt auch nicht auf der
und auch nicht
Er sitzt nicht
und nicht
Er sitzt auf

Nein!

…auf meinem Kopf!

4. Kim-Spiel:
Schau das Bild 1 Minute an. Dann decke es zu und schreibe auswendig:
Der Vogel sitzt auf…
Versuche es auch mit anderen Bildern!

5. Mittwoch nachmittag

Höre das Gespräch zwischen Anna und ihrer Mutter!

Mama!!! Schnell! Wo ist meine Jeans?

Und mein Strumpf?

unter

unter

auf

hinter

in

in dem = im

Mutter: *Unter dem Bett* ?

Anna: *Tatsächlich, unter* !

Mutter: ?

Anna: *Nein, aber* !

Anna: *Und mein Pullover liegt* !

6. Wo ist denn mein Fahrschein? Stelle Fragen und schreibe sie auf!

Ist er	auf unter hinter vor in	**dem** **der**	(der) Schrank, Stuhl, Tisch Papierkorb (das) Bett, Regal (die) Tasche, Jeanstasche	**?**

7. Am Abend nach dem Aufräumen

Sprich und schreibe 7 Sätze!

Die Wäsche liegt…
Die Schuhe stehen…
Die Jeans hängt…
Die Bluse hängt…
Der Pullover liegt…
Die Strümpfe liegen…
Die Jacke hängt…

8. Kim-Spiel:

1 Minute anschauen – zudecken – sprich auswendig! Wie viele Sätze schaffst du?

9. Ergänze mit { dem } oder { der } !

Ich fahre mit dem Fahrrad in die Schule. Ich gehe mit _____ Freundin ins Kino.

Ich gehe mit _____ Hund spazieren. Ich fahre mit _____ S-Bahn in die Stadt. Ich

fahre mit _____ Bus nach Hause.

Frage in der Klasse:

Wie kommst du in die Schule? Zu Fuß? Mit dem Bus? Mit …? Mit …?
(die Straßenbahn, die U-Bahn)

Test 2

1. **In der Schule**
Setze ein!

	einer	viele
Sport:	der Medizinball	die Medizinbälle
	der Kasten	die _____
	die _____	die Bänke
	die _____	die Matten
Mathematik:	der Zähler	die _____
	der _____	die Nenner
	der _____	die Brüche

Von 6 Punkten _____

2. **Ergänze:**

weiß   gelb   sauer   lang   kalt

Wie ist das?

Das Lineal ist _____.   Die Zitrone ist _____.

Die Banane ist _____.   Ihre Bluse ist _____.

Die Limonade ist _____.

Von 5 Punkten _____

3. **Schreibe immer das Gegenteil!**

stumpf =
nicht spitz

spitz =
nicht stumpf

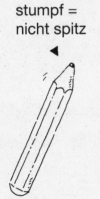

das Gegenteil

stumpf	–	*spitz*
dick	–	_____
kalt	–	_____
sauer	–	_____
alt	–	_____
hart	–	_____
groß	–	_____

Von 6 Punkten _____

4. Wo ist die Katze?

Bett

Schrank

Schrank

Fensterbank

Tisch

Stuhl

Von 6 Punkten _____

5. Was hast du gestern gemacht?

Erzähle! _Ich habe mein Zimmer geputzt._

kaufen: Ich _____ ein Kartenspiel _____,

kochen: Ich _____ Gemüsesuppe _____,

spielen: Wir _____ Tischtennis _____,

holen: Ich _____ ein Eis _____.

besuchen: Wir _____ Freunde _____.

Von 5 Punkten _____

Gesamtpunktzahl _____ _(von 28 Punkten)_

28–24 Punkte: Prima! Du kannst schon sehr viel!
23–19 Punkte: Du hast gut gelernt! Weiter so!
18–13 Punkte: Du hast schon viel gelernt, kannst aber noch besser werden!
12–7   Punkte: Lerne bitte genauer und übe mehr. Wiederhole die Übungen!
 6–0   Punkte: Schade, du kannst es noch nicht.
                      Übe noch einmal von vorne!

Komm doch mal her!

1.

tock, tock! ⑪ *

① bitte!

öffnen

setzen

⑥ kommen

vorlesen

⑭ Danke!

setzen

⑬ zumachen

aufschlagen

⑦

lesen ⑫

⑩ gehen

④ zuhören

nehmen

schließen

⑤ aufstehen

⑨ schreiben

2. Trage die passende Nummer ein!

* [11] **Öffne** bitte die Tür!
[ ] **Steh auf**, bitte!
[ ] **Schlagt** eure Hefte **auf**!
[ ] Kannst du das Fenster **schließen**? Es ist kalt.
[ ] **Nehmt** bitte eure Hefte!
[ ] **Komm** doch mal bitte!
[ ] **Lies** bitte!

[ ] **Setz** dich bitte!
[ ] Du kannst dich wieder **setzen**, danke!
[ ] **Hört** mal bitte genau **zu**!
[ ] So, jetzt **schreib** bitte.
[ ] Kannst du das **vorlesen**?
[ ] So, geschafft! **Macht** eure Hefte **zu**!
[ ] **Geh'** doch mal zur Tür, ja?

3. Was sagst du deinem Freund?
Schau die Bilder an!

_____ bitte!

_____ dich
bitte!

_____

_____

Spiel Theater! Stell dich vor einen Spiegel und mache das, was die Bilder oben zeigen!
Mit einem Freund oder einer Freundin geht es besser. Spielt Roboter! „Geh zur Tür!"
„Komm wieder her!" „Komm bitte zu mir." usw.

4. Machen wir doch etwas zusammen!

Hallo, Peter!

Hallo, Walter! Bist du schon fertig mit den Hausaufgaben?

Ja fast ... in zehn Minuten. **Komm** doch zu mir und **bring** dein Fahrrad **mit**, ja?

Komm doch zum Sportplatz! **Bring** aber deine neue Kassette **mit** und **vergiß** den Fußball nicht!

Ja, mach ich. **Ruf** doch noch Udo **an**! Vielleicht kommt er mit!

Gut. Bis gleich!

5. Schreibe das Gespräch in der richtigen Reihenfolge auf!

6. Walter und Peter auf dem Sportplatz

7. Schreibe auf, was auf dem Sportplatz gesprochen wird!

Walter: _____

Walter: _____   Peter: _____

Walter: _____   Peter: _____

Peter: _____   Walter: _____

Udo: _____

Peter: _____   Walter: _____

Udo: _____

Findest du das auch schön?

1.

Kennst du das neue Spiel da? — Nein!

SPIELE

Kennst du	das	neu- spannend- interessant- toll- schön-	Buch Spiel da? Comic-Heft

Header: das ... -e

2. Bilde Sätze!

Kennst du das neue Spiel da? Nein!

3. Frage deinen Freund, deine Freundin:

Gibst du mir mal das ...?
Leihst du mir mal ...?

Junge Mode

4. Frage im Geschäft:

Siehst du ...?   Möchtest du auch ...?

„Zeigen Sie mir bitte das ... Spiel da!" „... !"
„Kann ich bitte das ... Comic-Heft da anschauen?"

5. Bilde Sätze!

	das -e / die -e	(der) den -en
Siehst du Möchtest du auch	das < fein- hübsch- die < schön- blau- bunt- den < toll- phantastisch-	Kleid (das) Hemd (das) Hose (die) Jeans (die) Bluse (die) Gürtel (der) Pullover (der) dort?

Schreibe so: *Siehst du das schöne Kleid dort? ...*

Frage die Verkäuferin: „Kann ich das/die/den ... bitte anprobieren?"
„Zeigen Sie mir bitte das/die/den ...?"

8. Im Unterricht

Leihst du mir bitte mal ... ?
Ja, gern!

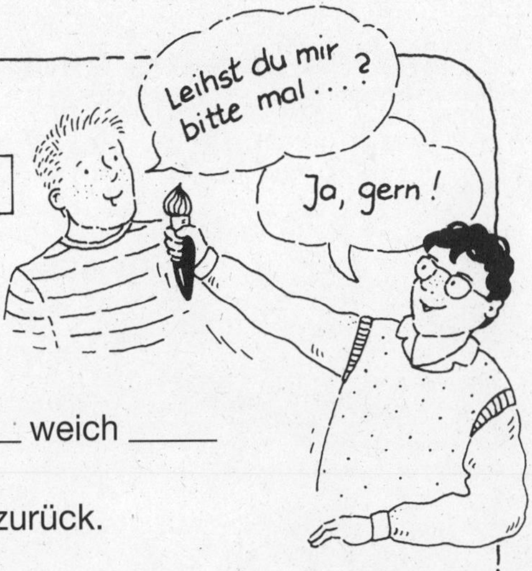

der Stift – der Pinsel – der Radiergummi – der Füller

○ Leihst du mir bitte mal den blauen Stift?
△ Natürlich, gern.
○ Leihst du mir auch mal den dick _____ Pinsel?
△ Ja, gern.
○ Leihst ______________ auch noch __________ weich _____ Radiergummi?
△ Ja. Aber gib mir jetzt __________ blau _____ Stift zurück.
○ Hier ist er!

9. Die neue Mode

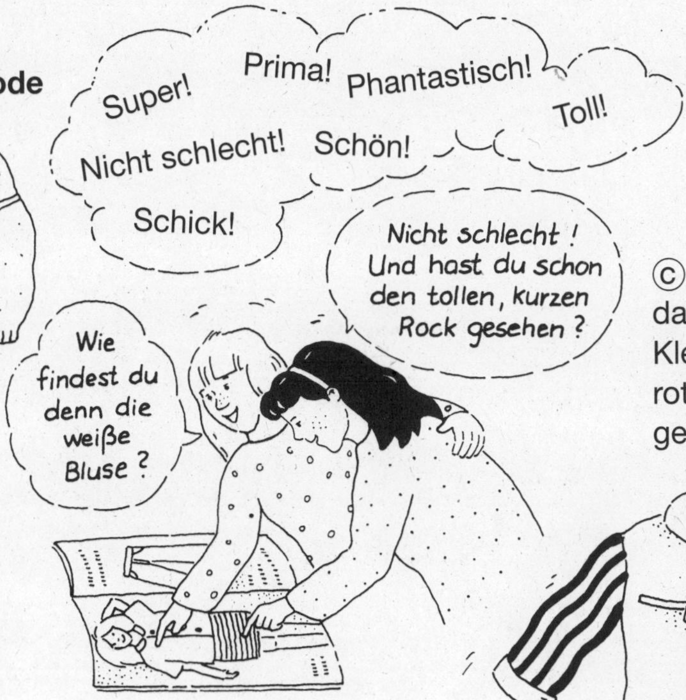

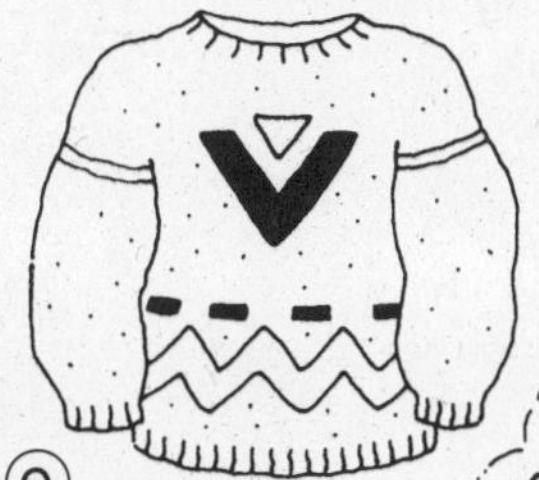

Super!
Prima!
Phantastisch!
Toll!
Nicht schlecht!
Schön!
Schick!
Nicht schlecht! Und hast du schon den tollen, kurzen Rock gesehen?
Wie findest du denn die weiße Bluse?

ⓔ der Pullover gemustert

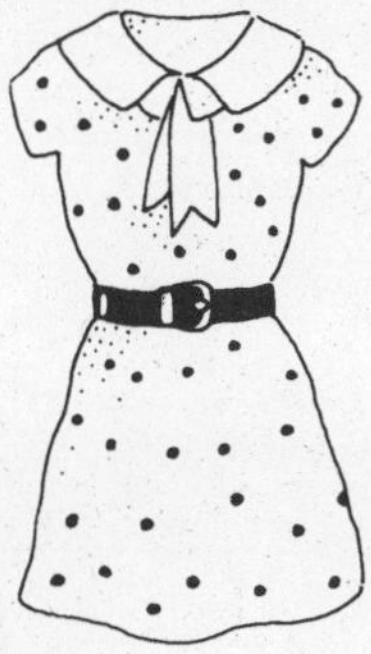

ⓒ das Kleid rot, gepunktet

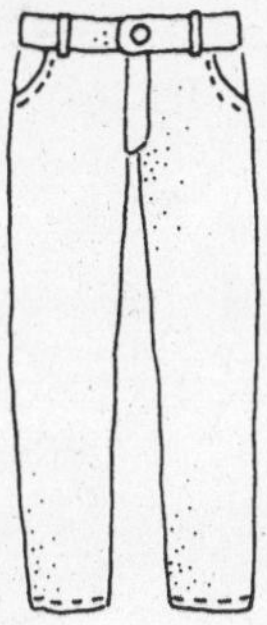

ⓐ die Jeans eng, blau

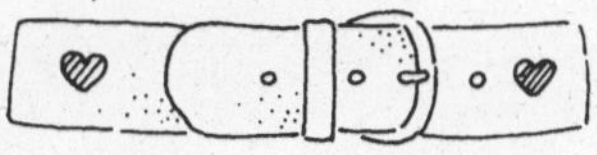

ⓑ der Gürtel breit

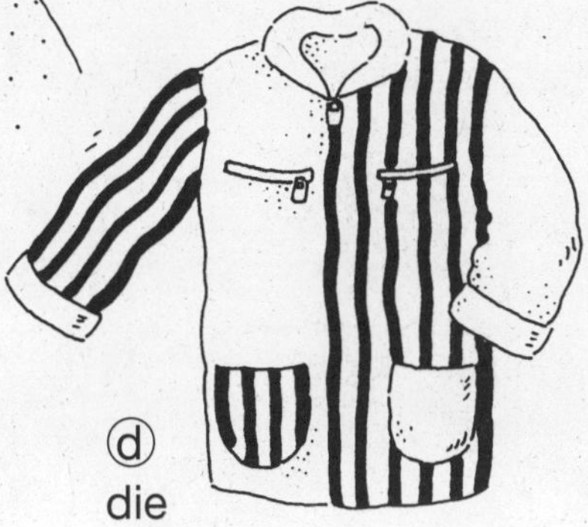

ⓓ die Jacke gestreift, lang

10. Stelle die Fragen! Antworte auch!

Wie findest du denn die weiße Bluse?

ⓐ ________________________________

ⓑ ________________________________

ⓒ ________________________________

ⓓ ________________________________

ⓔ ________________________________

Kofferpacken: Ich packe den gestreiften Pullover ein.
Ich packe den gestreiften Pullover und die… ein. usw.

S. 107

Ja, ich komme gleich!

1. Verabredung am Freitagnachmittag

Komm heute nachmittag zu mir zur Pizza – Party!

Wir machen **zuerst** eine Pizza und **später** essen wir sie!

Nicht **gleich**! Etwas **später**. **Zuerst** muß ich mein Fahrrad reparieren.

Ja toll! Ich komme **sofort**!

Ja gern! Ich komme **gleich**. Gute Idee. Ich bring' Limo mit!

Leider! Ich kann heute nicht! Schade!

2. Die Freunde kochen zusammen

Pizza Margharita

① Zuerst — den Teig auf das Backblech!
② Jetzt — die Tomaten auf den Teig!
③ Nun — Käse, Basilikum, Salz und Pfeffer darüber!
④ Dann — 20 Minuten in den Backofen (220°)
⑤ Sofort — servieren!

Guten Appetit!

Zutaten:

Mozzarella

Basilikum

Pfeffer

Salz

Pizza Tomaten

Was soll ich tun?

Ja, sicher!

Kannst du...

... mir mal helfen?

... die Tomaten schneiden?

... den Käse schneiden?

... den Tisch decken?

Ja sofort!

Ja gleich!

Ja, gern!

3. Schreibe die Fragen und Antworten!

4. Schreibe das Rezept auf! Zum Ausprobieren!

5. Die Freunde essen zusammen

Setze ein: zuerst/später
Abwaschen?

Das machen wir _____.

_____ spielen wir Quartett.

Super Pizza-Party! Schmeckt toll!

Schaut gut aus!

Hmm, riecht gut!

6.

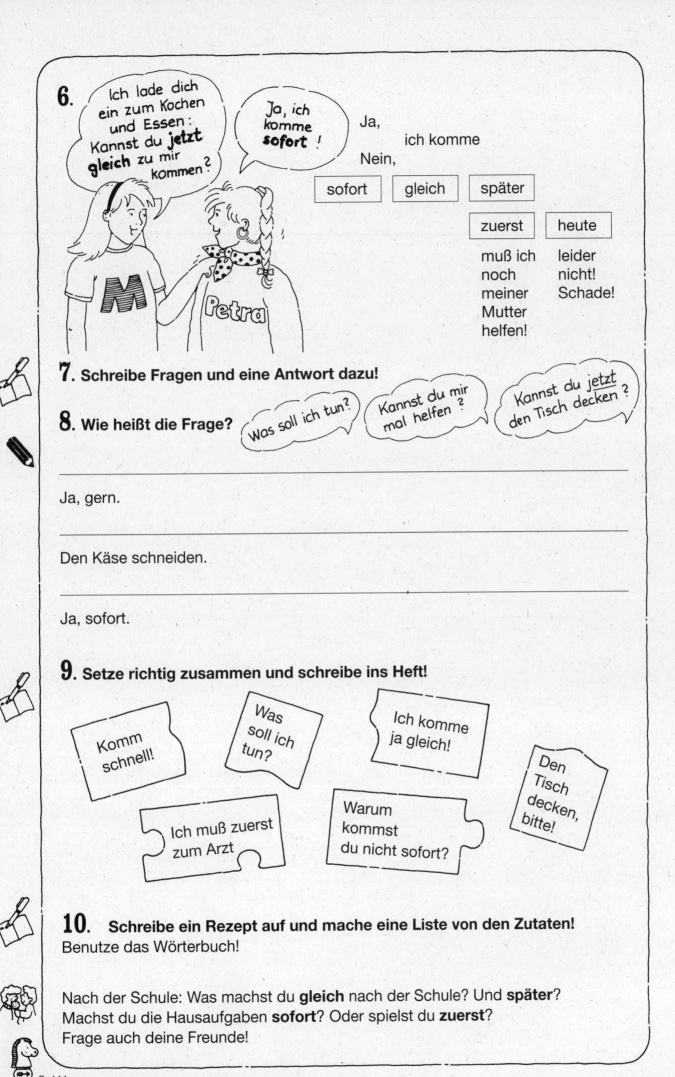

Ich lade dich ein zum Kochen und Essen: Kannst du **jetzt gleich** zu mir kommen?

Ja, ich komme **sofort**!

Ja,
ich komme
Nein,

| sofort | gleich | später |

| zuerst | heute |

muß ich   leider
noch   nicht!
meiner   Schade!
Mutter
helfen!

7. Schreibe Fragen und eine Antwort dazu!

8. Wie heißt die Frage?

Was soll ich tun?

Kannst du mir mal helfen?

Kannst du jetzt den Tisch decken?

_____

Ja, gern.

_____

Den Käse schneiden.

_____

Ja, sofort.

9. Setze richtig zusammen und schreibe ins Heft!

Komm schnell!

Was soll ich tun?

Ich komme ja gleich!

Den Tisch decken, bitte!

Ich muß zuerst zum Arzt

Warum kommst du nicht sofort?

10. Schreibe ein Rezept auf und mache eine Liste von den Zutaten!
Benutze das Wörterbuch!

Nach der Schule: Was machst du **gleich** nach der Schule? Und **später**?
Machst du die Hausaufgaben **sofort**? Oder spielst du **zuerst**?
Frage auch deine Freunde!

S. 111

39

Test 3

1. Setze ein!

gehen _____ *doch mal zur Tür !*

kommen _____ *doch mal bitte !*

setzen _____ *dich bitte !*

lesen _____ *bitte !*

hören _____ *mal bitte genau zu !*

Von 5 Punkten _____

2. Was paßt zusammen?

Nr.

A	Was soll ich tun?
B	Warum kommst du heute nicht?
C	Wollen wir gleich abwaschen?
D	Kannst du mir mal helfen?

1	Ich muß leider zum Arzt.
2	Nein, erst später.
3	Du kannst mir helfen.
4	Ja, was soll ich tun?

Von 4 Punkten _____

3. Monika fragt ihre Freundin.

Setze ein!

gemustert, breit, neu, lang

Leihst du mir deinen _____ Pullover?

Kann ich mal deinen _____ Gürtel haben?

Zeigst du mir heute dein _____ Spiel?

Gibst du mir mal dein _____ Lineal?

Von 4 Punkten _____

4. **Bilde acht Sätze!**

Er hat Ich möchte Möchtest du Vater will	den die das	neu- hübsch- schön- grün- phantastisch- blau-	Füller Spiel Hose Gürtel Pullover Kleid Jeans Katze

_____

_____

_____

_____

_____

_____

_____

_____

Von 8 Punkten _____

5. **Ergänze:**

Von 5 Punkten _____   Gesamtpunktzahl _____ (von 26 Punkten)

26–22 Punkte: *Prima! Du kannst schon sehr viel.*
21–16 Punkte: *Du hast gut gelernt! Weiter so!*
15–11 Punkte: *Du hast schon viel gelernt, kannst aber noch besser werden!*
10–7 Punkte: *Lerne bitte genauer und übe mehr. Wiederhole die Übungen!*
 6–0 Punkte: *Schade, du kannst es noch nicht. Übe noch einmal!*

Eine lustige Maschine

1.

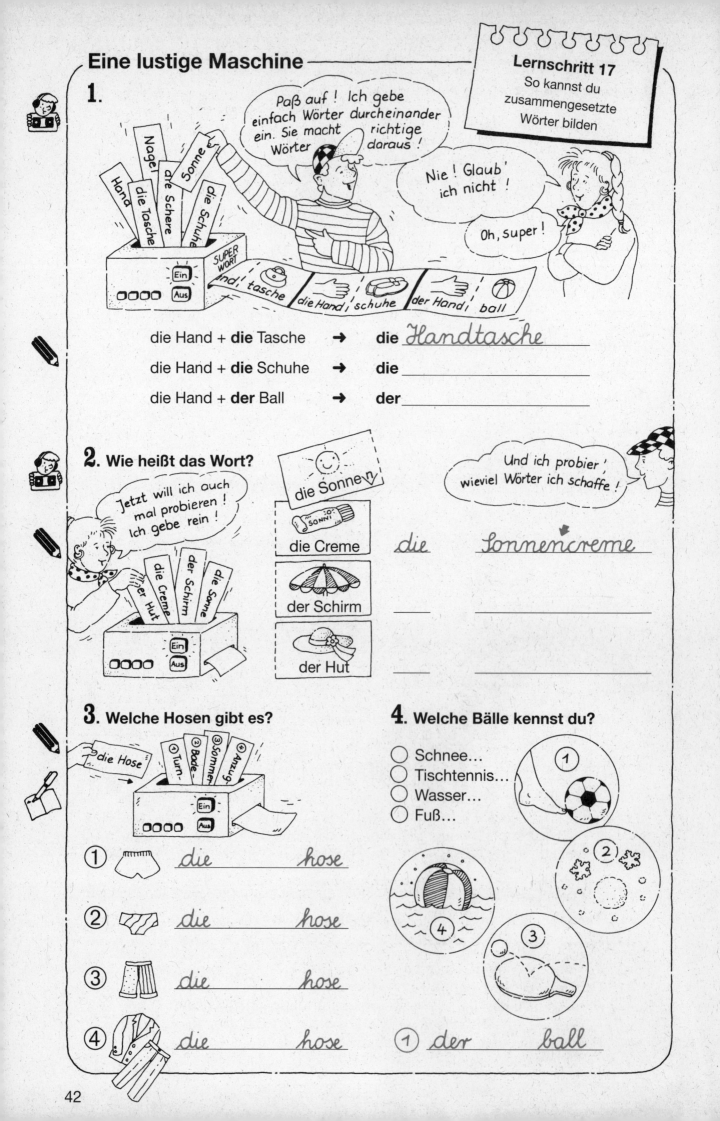

die Hand + **die** Tasche → **die** *Handtasche*

die Hand + **die** Schuhe → **die** _____

die Hand + **der** Ball → **der** _____

2. Wie heißt das Wort?

die Sonne + die Creme → *die* *Sonnencreme*

der Schirm → _____

der Hut → _____

3. Welche Hosen gibt es?

die Hose

① *die* *hose*

② *die* *hose*

③ *die* *hose*

④ *die* *hose*

4. Welche Bälle kennst du?

○ Schnee…
○ Tischtennis…
○ Wasser…
○ Fuß…

① *der* *ball*

42

5. So viel zu tun!

Peter will nicht immer…

spülen

Herr Klein muß immer

waschen

Nora muß lange

rühren

Frau Klein will auch nicht so viel

bügeln

6. Peter schimpft. Er muß so viel helfen.

Schreibe so: *Ich will nicht immer …*

7. Davon träumen sie:

spülen → Spül…

Ich möchte so gern eine Spülmaschine!

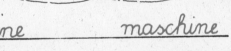

waschen → Wasch…

eine _____ maschine

rühren → Rühr…

eine _____ maschine

bügeln → Bügel…

eine _____ maschine

8. Setze zusammen!

①	②	③	④	⑤	⑥	⑦	⑧	⑨
der Regen	der Mantel	die Tasche	der Spiegel	das Ei	die Uhr	die Kette	der Hund	die Hütte

Schau die Bilder genau an! Bilde ein zusammengesetztes Wort – und schau in der Reihe weiter! Achte auf die Zahlen!

① + ② *der Regenmantel*   ⑤ + ⑥ _____ er
② + ③ *die Mantelt*   ⑥ + ⑦ _____
③ + ④ _____ n   ⑦ + ⑧ _____ n
④ + ⑤ _____   ⑧ + ⑨ _____ e

Wo ist denn die Feile?

1. Im Werkraum

Stefan, zeig bitte Mario, wo er alles im Werkraum findet!

Na klar, Herr Wolf!

1. Miß die Holzstäbe!
2. Säge die Holzstäbe ab!
3. Feile die Figuren!
4. Schleife die Figuren ab!
5. Lackiere die Figuren!

Stefan: Was machen wir denn heute?
Herr Wolf: Ein Schachspiel. Was zu tun ist, steht an der Tafel.
            Eine Materialliste hängt am Schrank.
            Fotos von Schülerarbeiten hängen am Regal.

Du brauchst:
Holzstäbe
einen Meterstab
eine Säge
eine Feile
Schleifpapier
einen Pinsel

2. Wo ist Mario denn?

Er steht am Fenster

Er steht			**dem**		**am**	Tisch.
Er ist	an	**+**	**dem**	**=**	**am**	Fenster.
			der			Wand.

3. Frage und antworte!

Wo ist denn			Ich glaube,		
	der Meterstab?		in einem		Kasten
	die Säge?				
	die Feile?		in einem		Regal
	das Schleifpapier?				
	der Pinsel?		in einer		Schublade

4. Nach 4 Wochen: Das Schachspiel ist fertig

Wie stehen die Figuren?

Der König steht ___neben___ ___der___ Königin.

Der Königin steht _____ Läufer.

Der Läufer steht _____ Pferd.

Der Pferd steht _____ Turm.

Der Bauer steht _____ Bauern.

Alle Figuren stehen auf _____ Schachbrett.

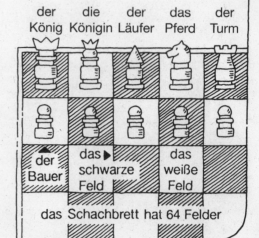

der König	die Königin	der Läufer	das Pferd	der Turm

der Bauer · das schwarze Feld · das weiße Feld

das Schachbrett hat 64 Felder

5. Schreibe Fragen und Antworten auf!

Mario:

Ich	finde	den Pinsel	nicht	
	kann	die Säge		finden.
		das Schleifpapier		
		...		

die Säge

Wo ist _____ _____, bitte?

Wo finde ich _____ ?

der Meterstab

Stefan:

Sie liegt	in	der	Schublade	neben	dem	Schrank.
Er	im		Regal	an	der	Wand.
Es	auf	dem	Tisch	neben	dem	Fenster.

der Pinsel

Mario: Danke, da ist sie schon.

er
es

die Feile

das Schleifpapier

6. Auf dem Parkplatz

das Fahrrad	das Moped	das Motorrad	das Auto	das Wohnmobil	der Lastwagen	der Bus

Sprich und schreibe so: *Das Fahrrad steht neben einem Moped. Das Moped steht neben einem Motorrad. Das Motorrad ...*

7. Frage deine Freunde:

Wo möchtest du wohnen?
An einem See? An einem ...?

der See   der Berg   der Bach   der Fluß

Frage deine Mitschüler:

Du hast die Wahl für einen Tag:
Neben wem möchtest du sitzen? Neben einem Filmstar, Cowboy, Minister?
Oder neben einer Stewardess, Prinzessin?

8. Beschreibe ein „Ding" – die andern müssen raten! Was ist es?

Ein Ding hängt an der

Wand	und ist	viereckig	rund
Decke		groß	bunt
Tür		klein	lang
		rot	blau

Bild
Landkarte
Lampe
Zeichnung
Foto
Poster

Bitte, wo ist die Schillerstraße ?

1.

Übermorgen habe ich Geburtstag. Willst du zu meiner Party kommen?

Ich wohne in der Schillerstraße 84. Ich erklär' dir den Weg!

Oh ja, gerne! Danke! Ich weiß aber nicht genau, wo du wohnst.

rechts

links

geradeaus

Du gehst von hier aus zuerst _g_____, dann die

zweite Straße _r_____. Am Ende der Straße ist die

Schillerstraße. Du mußt nach _l_____ gehen.

Ich wohne Schillerstraße 84.

2. Was hat sie gesagt?

Überlege noch einmal! Schau den kleinen Plan an, und decke das
Geschriebene zu!

Also, ich muß zuerst _____, dann die _____

Straße _____, das ist die Müllerstraße.

Ich gehe _____ bis zur Schillerstraße.

Hier muß ich nach _____ gehen. Ich gehe noch

ein Stück _____, dann ist _____ Nummer 84.

3. Zeichne den Weg ein!

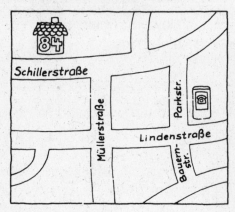

Peter: Hallo, Andi! Hier ist Peter.
Andi: Was ist los? Alle sind schon da.
Peter: Ich bin auf einmal in der Parkstraße.
       Ich habe mich verlaufen.
Andi: Macht nichts, das ist nicht weit.
       Geh einfach weiter geradeaus und dann
       links. Du mußt dann nur die Müllerstraße
       überqueren.
Peter: Bis gleich, Andi!
Andi: Bis gleich, beeil dich!

4. Wie mußt du gehen?

Kannst du auch die Richtung sagen, wenn du von verschiedenen Seiten schaust? Das ist wichtig für Stadtplan und Wanderkarte.

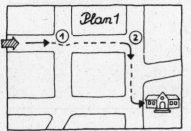 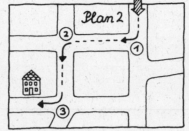 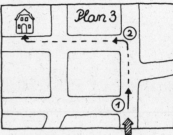

Ich gehe zuerst ①

_____ ,

dann die ② _____

Straße _____ .

Ich gehe ①

_____ , die ②

_____ Straße _____

und dann ③ _____ .

Ich gehe ①

_____ ,

dann die ② _____

Straße _____ .

5. Jetzt könntest du mal Fremdenführer sein!

„Das Museum? Da gehen Sie _____ , und die erste Straße

_____ .“ „Das Schloß? Gehen sie immer _____ ,

dann stehen Sie genau davor.“ „Zur Schule müssen Sie _____ ,

dann wieder die erste Straße _____ gehen.“ „Die Kirche?

Geradeaus, die zweite Straße _____ , dann sehen Sie schon

die Kirche.“

6. Male noch andere Gebäude in den Plan, z.B. ein Kino, ein Schwimmbad ...
Schreibe den Weg dahin in dein Heft!

Erkläre deiner Freundin/deinem Freund den Weg von der Schule zu dir nach Hause!

Gewinnen mit der Glücksspirale

1. Gewinne der Wochenziehung

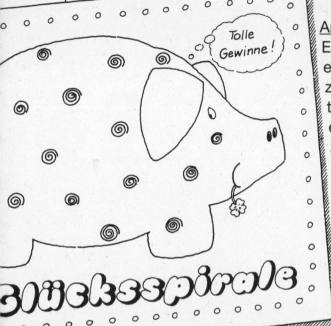

Anzahl der Gewinner		Betrag
Eine Million	1.000.000 x	5,50 DM
einhunderttausend	100.000 x	20,-- DM
zehntausend	10.000 x	100,-- DM
tausend	1.000 x	1.000,-- DM
einhundert	100 x	10.000,-- DM
zehn	10 x	100.000,-- DM
	1 x	2.500.000,-- DM

Der Joker bringt eine **Verdoppelung des Wochengewinnes**

2. Trage ein:

Eine Million Menschen gewinnen jede Woche 5,50 DM.

_____

Menschen gewinnen jede Woche

_____ DM.

_____ Menschen gewinnen

jede Woche _____ DM.

_____ Menschen gewinnen

jede Woche _____ DM.

_____ Menschen gewinnen

jede Woche _____ DM.

_____ Menschen gewinnen

jede Woche _____ DM.

_____ Mensch gewinnt

jede Woche 2.500.000 DM.

3. Schreibe in Worten!

Wie hoch ist der Supergewinn?

_____ Mark.

Was bringt der Joker?

_____

_____

_____

4. So viel Geld!

Arbeiter aus Köln gewinnt im Lotto 2,5 Millionen Mark!

Bettler tot: Hunderttausend Mark im Bett!

Hausfrau gewinnt 1,2 Millionen !!!

Schüler gewinnt 9 Tausender bei Wettbewerb!

90-jährige hinterläßt drei Millionen für Tierheim!

Kind findet tausend Mark im Müll!

(Hintergrund: Zeitungstext, teilweise verdeckt und unleserlich)

5. Trage die Beträge ein!

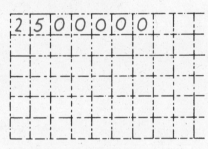

Arbeiter	2	5	0	0	0	0	0
Hausfrau							
Schüler							
90jährige							
Bettler							
Kind							

6. Lange gespart!

Sabine sammelt seit einem Jahr kleine Münzen. Vor den Ferien will sie sich noch eine Schwimmbrille kaufen. Sie zählt zuerst die Zehnpfennigstücke und die Fünfpfennigstücke. Dann kommen die Pfennige dran:

tausendeinundfünfzig, tausendzweiundfünfzig, tausenddreiundfünfzig, (1054) _____,

(1055) _____,

(1056) _____,

(1057) _____, *tausendachtundfünfzig,*

(1059) _____,

tausendsechzig, .. tausendsiebzig.

7. Schreibe die nächsten Zahlen auf!

Wo treffen wir uns heute?

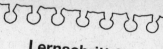

1. Kreuze an!

neben

Wo ist denn das Freizeitheim?

☐ Es ist neben **dem** Bahnhof.
☐ Es ist neben **dem** Schulhaus.
☐ Es ist neben **der** Kirche.

| **der** Bahnhof |
| **das** Schulhaus |
| **die** Kirche |

gegenüber

Ich muß zur Post. Gehst du mit?

☐ Sie ist gegenüber **dem** Kindergarten.
☐ Sie ist gegenüber **dem** Krankenhaus.
☐ Sie ist gegenüber **der** Schule.

| **der** Kindergarten |
| **das** Krankenhaus |
| **die** Schule |

Turnhalle
bei

Wo treffen wir uns heute?

☐ Ich warte auf dich **beim** Sportplatz.
☐ Ich warte **beim** Museum.
☐ Ich warte **bei der** Bücherei.

| **der** Sportplatz |
| **das** Museum |
| **die** Bücherei |

2. Setze ein!

Gegenüber _____ Kirche.

Gegenüber _____ Sportplatz.

Gegenüber _____ Bücherei.

Gegenüber _____ Krankenhaus.

Gegenüber _____ Bahnhof.

Gegenüber _____ Museum.

3. Wir treffen uns

bei der   bei der   bei dem = beim   bei dem = beim   bei dem = beim

Wir treffen uns bei der Schule. Wir ...

4. Vater holt die Familie ab. Wo parkt er?

Er parkt das Auto

_____

_____

_____

_____

_____

_____

_____

_____

5. Etwas vereinbaren

Peter: Treffen wir uns _____ mir zu Hause. Warte _____ dem Haus.

Thomas: Komm doch lieber gleich zur Sporthalle. Ich warte _____ dem Eingang. Ich stehe gleich _____ dem Sonnendach.

Peter: Oder warte lieber _____ der Sporthalle. Heute regnet es so sehr.

bei

vor

neben / unter

in

Test 4

1. Bilde Wörter und schreibe sie auf!

Wasser- Schnee-

Hand- Fuß-

Tennis- Bade-

Sommer- Turn-

_____ _____

_____ _____

_____ _____

_____ _____

Für jedes Wort gibt es einen halben Punkt.

Von 4 Punkten _____

2. Setze richtig zusammen!

(schreiben) (malen) (rechnen) (radieren) (bunt)

_____ stift, _____ heft, _____ block,

_____ buch, _____ gummi

Von 5 Punkten _____

3. Ergänze!

Der König steht neben _____ Königin.

Der Läufer steht neben _____ Pferd.

Das Pferd steht neben _____ Turm.

Der Pkw fährt vor _____ Lastauto.

Der Kombi fährt hinter _____ Bus.

Das Motorrad fährt neben _____ Fahrrad.

Der Meterstab liegt in _____ Schublade.   *Von 7 Punkten* _____

4. Hilf bei der Beschreibung! Setze das richtige Wort ein!

Du gehst von dir aus zuerst ⬆ _____ und die erste

Straße ⬅ _____ .

Dann die zweite Straße ➡ _____ und am Ende der

Straße ⬅ _____ . Das ist die Hauptstraße. Ich wohne Nr. 84.

Von 4 Punkten _____

5. Schreibe die vier fehlenden Zahlen als Wörter auf!

100030 – ⬭ – 100028 – ⬭ – 100026 – 100025 – 100024 – ⬭ –

100022 – 100021 – ⬭ – ⬭ – 100018

hunderttausendneunundzwanzig

_____

_____

_____

_____

Für jedes Wort gibt es einen Punkt.

Von 4 Punkten _____

6. Wo steht das Fahrrad?

neben   unter   an   in   vor

Das Fahrrad steht _____ _____ Garage.

Das Fahrrad steht _____ _____ Post.

Das Fahrrad steht _____ _____ Baum.

Das Fahrrad steht _____ _____ Freizeitheim.

Das Fahrrad steht _____ _____ Haltestelle.

Je Satz 2 Punkte.

Von 10 Punkten _____

Gesamtpunktzahl _____ (von 34 Punkten)

34 – 30 Punkte: *Prima! Du kannst schon sehr viel.*
29 – 24 Punkte: *Du hast gut gelernt! Weiter so!*
23 – 18 Punkte: *Du hast schon viel gelernt, kannst aber noch besser werden!*
17 – 10 Punkte: *Lerne bitte genauer und übe mehr. Wiederhole die Übungen!*
 9 – 0 Punkte: *Schade, du kannst es noch nicht.*
                   Du mußt die Übungen noch einmal machen.

Ärgerst du dich auch?

1.

... ich hab verschlafen ...

Ich ärgere mich sehr!

Sabine Ⓐ

Darf ich fernsehen?

Dieser Film ist nichts für dich!

Ⓑ

Peter ärgert sich schrecklich.

Ich ärgere mich entsetzlich!

... in der Pause nicht Fußball spielen!

das Verbot

Ich ärgere mich fürchterlich!

Andi Ⓓ

Was machst du denn für ein Gesicht heute? Ärgerst du dich?

Ja, ich ärgere mich furchtbar! So viele Hausaufgaben heute!

Monika Ⓔ Anne

Name: Tom Note: 5

Ⓒ

2.

Ich	ärger	-e	mich	_____
Du		-st	dich	_____
Er/Sie		-t	sich	_____

sehr
furchtbar
schrecklich
entsetzlich
fürchterlich

Ⓐ *Sabine hat verschlafen. Sie ärgert sich sehr.*

In der Schule

SCHULE

① Danke, du bist sehr hilfsbereit!

④ Wir schauen uns gleich einen Film an!

③ Du hast sehr sauber gearbeitet!

② Prima, eine 1!

Ich		-e	mich	über
Du	freu	-st	dich	über
Er/Sie		-t	sich	

① die nette Bemerkung
② die gute Note
③ das Lob
④ den Film

Klasse 7a

3. Schreibe 12 Sätze!

Ich freue mich über die nette Bemerkung.
Freust du dich auch über die gute Note?
Sie freut sich über das Lob.

4. Wieso ärgerst du dich?

Wieso ärgerst du dich über die schlechte Note?

Wieso ärgerst du dich über die Hausaufgaben?

Die drei Seiten hast du doch schnell!

Wieso _____

_____? (die schlechte Note)

Du hast doch dafür eine Eins in Mathematik!

_____? (das Verbot)

Heute nachmittag spielen wir doch sowieso auf dem Fußballplatz!

5. Marko ärgert sich. Schreibe so:

Er ärgert sich schrecklich über ...

Frage deine Klassenkameraden: „Ärgerst du dich auch über ...?"

6. Das Leben ist schön!

die Ferien

Ich freue mich auf...

die Geburtstagsparty

das Kino

Ich freue mich über...

für Sabine

... das tolle Geschenk

... das kalte Cola

... meine liebe Katze

Ich freue mich **auf** ...
(später)
... das Wochenende
... den Schulausflug

Ich freue mich **über** ...
(jetzt)
... den freien Nachmittag
... meine neue Hose

7. Schreibe auch so:

Sie freut sich auf ...
Sie freut sich über ...

Schön, daß du da bist!

1. Ankunft am Bahnhof

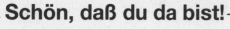

Ich freue mich, daß du da bist!

Ich bin froh, daß du 3 Tage bleibst!

Ich freue mich auch, Peter!

Es ist schön, daß ich jetzt hier bin!

Es ist nett, daß du mir etwas mitgebracht hast!

2. Unterstreiche die Redeteile „Ankunft" rot, die Redeteile „Abschied" blau!
Ordne und schreibe sie untereinander!

Ich freue mich, **daß** du da **bist**!
Es tut mir leid, **daß** ich schon wieder nach Hause **muß**!
Wie schade, **daß** du schon wieder **fährst**!
Ich bin froh, **daß** du 3 Tage **bleibst**!
Es ist schön, **daß** ich jetzt hier **bin**!
Ich bin traurig, **daß** es schon vorbei **ist**!
Es ist nett, **daß** du mir etwas mitgebracht **hast**!

TELEGRAMM

Komme Freitag 17³⁰ Uhr Hbf. an! Oma

3 Tage später: Abschied am Bahnhof

Wie schade, daß du schon wieder fährst!

Ich bin traurig, daß dein Besuch vorbei ist!

Komm bald wieder!

IC Lohengrin
München –
Augsburg –
Nürnberg Hbf.

Ja schade! Aber besuch' du mich doch bald mal!

Es tut mir leid, daß ich schon wieder nach Hause muß!

3. Setze richtig zusammen, sprich und schreibe auf!

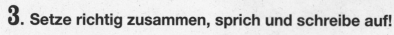

Es tut mir leid,		du 3 Tage **bleibst**!
Schön,	**daß**	du schon wieder **fährst**!
Ich bin froh,		dein Besuch vorbei **ist**!
Wie schade,		du mir etwas mitgebracht **hast**!
Ich bin traurig,		du da **bist**.

Spiel „Kofferpacken"

Ich freue mich, daß die Sonne scheint.
X freut sich, daß die Sonne scheint und ich freue mich, daß heute Freitag ist.
X freut sich, daß die Sonne scheint, Y freut sich, daß heute Freitag ist und ich …

4. Sabine hat Geburtstag

Sie freut sich, daß...

...alle Freunde da sind.

...alle so lustig sind.

...sie Geschenke bekommt.

Sabine freut sich, daß alle Freunde da sind. Sie freut sich, daß _____

_____

5.

Schön, daß du gekommen bist!

③ Schade, daß du schon gehen mußt!

⑥ Vielen Dank für die Einladung!

② Danke für dein Geschenk!

① Ich freue mich, daß du da bist!

④ Tut mir leid, daß du schon gehen mußt!

⑤ Es war sehr schön! Danke!

Schön, daß du gekommen bist!

① _____
② _____
③ _____
④ _____

⑤ _____
⑥ _____

Male die Ballons für „Begrüßung" rot und für „Abschied" blau an!

6. Sollen Jungen im Haushalt helfen?

Einige Schüler der Klasse 5c sagen dazu ihre Meinung.
Peter: Ich finde es richtig, daß Jungen im Haushalt helfen sollen.
Robert: Ich meine, daß Jungen auch spülen, abtrocknen und staubsaugen können.
Maria: Ich denke, daß Hausarbeit Frauensache ist. Ich glaube auch, daß die Jungen solche Arbeiten nicht können.
Carmen: Ich finde, daß die Ansicht von Maria altmodisch ist.
Hans: Ich meine auch, daß Maria nicht recht hat; denn ich denke, daß Jungen im Haushalt helfen sollen, sonst lernen sie es nie.

Carmen findet, daß ...

Hans meint auch, daß ...

Maria denkt, daß ...
Maria glaubt auch, daß ...

Peter findet, daß ...

Robert meint, daß ...

7. Gib die Meinung der Schüler wieder!

Peter findet, daß Jungen im Haushalt helfen sollen. Robert ...

Stimmen die Gefühle? Wenn du das Puzzle „Gefühle" im Spieleteil richtig zusammensetzt, entdeckst du ein Bild!

S. 127

Was meinst du?

1. Alle wollen helfen

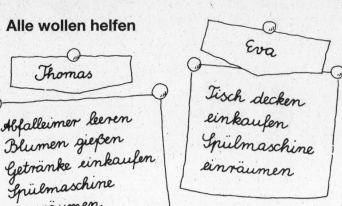

Thomas

Abfalleimer leeren
Blumen gießen
Getränke einkaufen
Spülmaschine
ausräumen

Eva

Tisch decken
einkaufen
Spülmaschine
einräumen

gemeinsam

Tisch
abräumen

2. Beide Kinder helfen

Mutter findet es gut, daß beide Kinder helfen.

Thomas soll den Abfalleimer leeren.

Mutter meint, daß _____

_____

Er soll auch die Blumen gießen.

Sie sagt, _____

_____

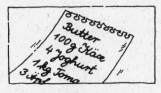

Eva muß immer den Tisch decken.

Sie meint, _____

_____

Sie soll auch einkaufen.

Sie sagt, _____

_____

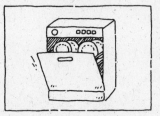

Thomas muß die Getränke einkaufen.

Sie will, _____

_____

Eva will die Spülmaschine einräumen und Thomas will sie

ausräumen.

Sie freut sich, _____

_____

Den Tisch wollen alle gemeinsam abräumen.

Sie findet es gut, _____

_____

58

3. Über Fernsehsendungen sprechen

..., daß ... interessant sind.

1 Kindersendung
2 Sportsendung
3 Nachrichten
4 Musiksendung
5 Sendung über Tiere
6 Sendung über Wissenschaft und Forschung
7 Spielfilm
8 Werbesendung
9 Wildwestfilm

..., daß ... spannend sind.

..., daß ... langweilig sind.

..., daß ... blöd sind.

..., daß ... lustig sind.

..., daß ... doof sind.

Welche Sendungen laufen hier gerade? Schreibe die Bezeichnungen unter die Bilder!

③ _____

⑦ _____

② _____

① _____

⑤ _____

⑧ _____

④ _____

⑨ _____

⑥ _____

_____

4. Befrage deine Mitschüler zu den Sendungen!

Schreibe ihre Meinungen auf! Benutze dabei die Sprechblasen oben!

Peter findet, daß ...

5. Schreibe deine eigene Meinung zu den Sendungen auf!

Ich finde, daß ...

Ich meine, daß ...

Das ist aber schade!

1.

2.

Das tut mir _____.

Du tust mir _____.

Leider …

Das ist aber _____.

Das finde ich _____.

Schade, daß …

3. Versuche, die richtigen Wörter einzusetzen!

Ich sage:

„Ich bin krank."

„Ich kann nicht zu
deiner Party kommen."

„Es tut mir _____,
ich habe den Arzttermin
vergessen."

Jemand antwortet/sagt:

„Das tut mir aber _____."

„Oh, wie _____!"

„_____ haben wir
erst nächste Woche einen neuen
Termin."

4. Was kannst du sagen, wenn so etwas passiert?

Du hast die falsche Telefon-
nummer gewählt.

Deine Freundin fragt
dich: Hast du um 15⁰⁰ Uhr
Zeit?

Es tut _____ _____,
ich habe mich verwählt.

Ach, das ist _____,
ich muß um 15³⁰ Uhr meine
Schwester abholen.

5. So ein Tag!

6. Schreibe die richtigen Wörter in die Sprechblasen!

Leider …

Leider …

leid …

leid …

7. Setze ein!

Schade, der andere Film **läuft** nicht mehr.

Schade, **daß** der andere Film nicht mehr **läuft**.

Tut mir leid. Ich **habe** die falsche Klingel **gedrückt**.

Tut mir leid, **daß** _____

Tut mir leid. Ich **habe** Sie nicht gesehen.

_____

Schade, der Pullover **ist** zu groß.

_____

Schade, der Fußball **ist** zu teuer.

_____

8. Du kannst diese Sätze mit „daß" auch schreiben, wenn du dich freust, z. B.:
Schön, daß du heute kommst. Schön, …
Ich freue mich, daß wir zusammen fahren. Ich freue mich, …

Du brauchst einen neuen Füller

1.

Dein Füller ist kaputt!

Du brauchst einen neuen Füller!

Du brauchst ein**en** neu**en** Füller.①

_____ Spitzer.②

Du brauchst ein neu**es** Lineal.③

_____ Buch.④

Du brauchst ein**e** neu**e** Schere.⑤

_____ Mappe.⑥

① Dein Füller ist kaputt. *Du brauchst einen neuen Füller.*

② Dein Spitzer ist kaputt. *Du*_____

③ Dein Lineal ist kaputt._____

④ Dein Buch ist kaputt._____

⑤ Deine Schere ist kaputt._____

⑥ Deine Mappe ist kaputt._____

2. Was sagt der Schüler/die Schülerin zu Hause?

Ich brauche einen neuen Bleistift!

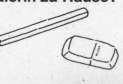

3. Im Kaufhaus

Was für einen Pullover möchtest du?

	ein**en**	roten	Pullover
	_____	blau____	Rock
Ich möchte	ein	gelb**es**	Kleid
	_____	grün____	T-Shirt
	ein**e**	schwarz**e**	Hose
	_____	weiß____	Bluse

Ich möchte einen roten Pullover.

Was für einen Pullover möchtest du?

4. Was wünscht du dir zum Anziehen?
Nenne Kleidungsstück und Farbe! Frage auch deine Freunde!

Kofferpacken:
z. B. Ich packe eine rote Bluse ein. Ich packe eine rote Bluse ein und eine
schwarze Jeans. Ich …

5. Vater und Sohn auf dem Markt

Setze ein: | süß, reif, scharf, mild, weich, neu, grün |

Weintrauben	… ein Kilo süß**e** Weintraub**en**!
Äpfel	… ein _____
Kartoffeln	… drei _____
Paprika	… ein _____
Zwiebeln	… zwei _____
Birnen	… ein halbes Kilo _____
Bananen	… ein halbes _____

Ich hätte gern …

Und ich möchte bitte …

6. Im Schreibwarenladen

Bitte schön?

Einen harten oder einen weichen?

Ich möchte einen Bleistift!

der Bleistift – hart/weich:

Lisa: Ich möchte einen Bleistift.

Verkäufer: Einen hart**en** oder einen weich**en**?

Lisa: Einen hart**en**, bitte!

das Lineal – kurz/lang:

Peter: _____

Verkäufer: _____

Peter: _____

das Heft – groß/klein:

Andrea: _____

Verkäufer: _____

Andrea: _____

der Füller – billig/teuer:

Klaus: _____

Verkäuferin: _____

Klaus: _____

7. Schreibe eine Liste mit Obst und Gemüse! Benutze das Wörterbuch!

Quartett mit „Obst und Gemüse" im Spieleteil: Alle 4 Karten ablegen darf der, der richtig fragen kann, z.B.: Ich möchte eine saure Zitrone, …

S. 128

Wer wird Klassensprecher?

1.

Robert

Maria

Mirko

Bald ist Klassensprecherwahl. Peter und Anne unterhalten sich darüber, wen sie wählen wollen.

Peter: Ich wähle natürlich Robert. Erstens, weil er mein Freund ist, und zweitens, weil ich nur einen Jungen wähle.

Anne: Ich wähle Maria, weil sie zu allen freundlich ist. Maria ist als Klassensprecherin gut, weil sie an alle Schüler denkt und weil sie ihre Meinung sagen kann.

Peter: Du hast recht, das kann sie. Aber dann schlage ich Mirko vor, weil er ein guter Schüler ist und weil er sich mit dem Lehrer gut versteht.

Anne: Maria gefällt mir, weil sie nie streitet und weil sie versucht, den anderen zu helfen.

Peter: Na, wir werden ja sehen. Ich bin jedenfalls für Mirko, weil ich neben ihm sitze.

Warum möchte Anne Maria wählen?

Anne wählt Maria, weil sie zu_____.

Sie möchte Maria wählen, weil sie_____

_____ und _____.

Maria gefällt ihr, weil_____

_____.

Peter sagt: Ich wähle Mirko,_____

_____

_____

_____

2. Wer gibt hier an?

Speech bubbles: Mein Lenker ist echt sportlich! · Mein Rad ist ganz neu! · Ich habe einen neuen Tachometer! · Mein Rad fährt viel schneller! · Mein Rad hat fünf Gänge! · Ich habe eine ganz laute Klingel! · Mein Rad hat eine viel schönere Farbe!

Schreibe so:

Fabian: *Mein Rad ist viel besser als deins, weil es fünf Gänge hat!*

Lisa: _____

_____

Fabian: _____

_____

Lisa: _____

_____

Fabian: _____

_____

Lisa: _____

_____

Fabian: _____

_____

Test 5

Hier kannst du dich prüfen

1. Setze die passende Form ein!

Ich ärgere _____ über den Brief.

mich

Ärgerst du _____ über die schlechte Note?

dich

Tom ärgert _____ über das Verbot.

Ich freue _____ auf das Wochenende.

sich

Freust du _____ über das tolle Geschenk?

Anna ärgert_____ über die Hausaufgabe.

Von 6 Punkten _____

2. Ordne die Satzteile richtig zu!

1	B	Es tut mir leid, daß …
2		Schön, daß …
3		Ich bin froh, daß …
4		Wie schade, daß …
5		Ich bin traurig, daß …
6		Es ist nett, daß …
7		Schade, daß …

A	… du drei Tage bleibst!
B	… du schon wieder fährst!
C	… dein Besuch vorbei ist!
D	… du mir etwas mit-gebracht hast!
E	… du da bist!
F	… du schon gehen mußt!
G	… du nicht zu meinem Geburtstag kommst!

Von 6 Punkten _____

3. Verbinde mit „daß" und schreibe die Sätze auf!

Schade, daß _____

Schade! Der andere Film läuft nicht mehr.

_____

Tut mir leid! Ich habe die falsche Klingel gedrückt!

_____

Tut mir leid! Ich habe Sie nicht gesehen.

_____

Schade! Der blaue Pullover ist zu groß.

Für jeden richtigen Satz gibt es 2 Punkte.

Von 8 Punkten _____

4. Ergänze!

Rosa braucht ein_____ neu_____ Füller.

Maria braucht ein_____ neu_____ Spitzer.

Gabi braucht ein_____ neu_____ Buch.

Tom braucht ein_____ neu_____ Schere.

Rosa möchte ein_____ rot_____ Pullover.

Maria möchte ein_____ gelb_____ Kleid.

Adnan möchte ein_____ schwarz_____ Jacke.

Stefan möchte ein_____ bunt_____ Hemd.

Von 8 Punkten: _____

5. Bilde vier Sätze! Verbinde mit „weil"!

Ich wähle ihn, …

Er ist freundlich.

Er ist nett.

Er gefällt mir, …

Maria wählt ihn auch, …

Er sagt seine Meinung.

Ich schlage ihn vor, …

Er ist mein Freund.

Er gefällt mir, _____

_____

_____

_____

_____

_____

_____

Von 8 Punkten _____

Gesamtpunktzahl _____ *(von 36 Punkten)*

• •

32 – 36 Punkte:	*Prima! Du kannst schon sehr viel.* ☆ ☆
25 – 31 Punkte:	*Du hast gut gelernt! Weiter so!*
17 – 24 Punkte:	*Du hast schon viel gelernt, könntest dich aber noch verbessern!*
8 – 16 Punkte:	*Lerne bitte genauer und übe mehr. Du solltest Übungen wiederholen.*
0 – 7 Punkte:	*Schade, du kannst es noch nicht. Übe alles noch einmal!*

Neu an der Schule

1. Kennst du den neuen Schüler?

> Du, schau mal! In der 5a ist ein neuer Schüler!

> Vielleicht ist der nett!?

Ich heiße Jan und komme aus Warschau. Das ist in Polen. Ich bin 12 Jahre alt und gehe in die Klasse 5a. Seit 2 Monaten lerne ich Deutsch. Meine Hobbies sind Tischtennis und Schlittschuhfahren.

Wer will Briefmarken tauschen? Klaus Klasse 6.B

Hallo Sportfreun_ Der TSV – Neust_ sucht 12-14 jähr_ Fußballer! Ruft bitte bei an: Tel.: 28 56 3 TSV Neustad_

Rosa erzählt Anna: Du, der neue Schüler heißt _____ und kommt aus

_____. Das ist in _____.

Er ist _____ _____ alt und geht in _____ _____

_____. Seit _____ lernt er _____. Seine

Hobbies sind _____ und _____.

2. Und du? Schreibe deinen „Steckbrief"! Beschreibe dich aber genauer!

Wer bin ich?

Ich heiße _____

_____

_____

_____

_____

_____

_____

_____

_____

_____

3. Hänge so einen „Steckbrief" mit Foto an das schwarze Brett und suche einen Partner für deine Hobbies!

4. Die „Stadtpiraten"

Stefan und Rosa sind Reporter der Jugendzeitung „Stadtpiraten" der Stadtbücherei. Sie fragen Jan:

○ Hast du Lust, morgen in die Stadtbücherei zu kommen?

△ Wir machen dort eine Jugendzeitung „Die Stadtpiraten".
Gibst du uns ein Interview?

□ Ja, gern.

5. Ein Interview

Sie stellen Jan in der Redaktion vor.

„Also, wir wissen schon:

Du _____ Jan und _____ aus Warschau. Das _____ in Polen. Du _____ 12 Jahre alt und _____ in die Klasse 5a der Pestalozzi-Schule. Du _____ seit 2 Monaten Deutsch. Deine Hobbies _____ Tischtennis und Schlittschuhfahren."

Aber jetzt haben wir noch ein paar Fragen:

Wann hast du Geburtstag? *Am* _____

Wie viele Geschwister hast du? _____

Wie groß bist du? _____ cm.

Was ißt du gern? _____ *und* _____

Wie lange bist du in Deutschland? *Seit* _____

Quiz:
Stelle mit Klassenkameraden viele Leerkarten her!
Überziehe sie mit Plastikfolie!
Fülle für jeden Mitspieler eine Karte aus! Dazu stelle die Fragen von oben!
Dann fragt in der Spielrunde: Wer ist das?

Steckbrief — Wer ist das?

Wer ist _____ groß?

Wer hat _____ Geschwister?

Wer ißt gerne _____?

Wer ist seit _____ in Deutschland?

Wer hat am _____ Geburtstag?

Unsere Familie

1. Wer ist denn das?

Das ist ① _____ _____ und das ist ② _____ _____ .

Rechts ist Thomas, ③ _____ _____ , links, das ist

④ _____ _____ . In der Mitte sind wir.

2. Und hier? Wer ist das?

① _____ _____ kennen Sie ja schon. Oben in der Mitte sind

② _____ _____ und ③ _____ _____ .

Rechts daneben sind ④ _____ _____ und ⑤ _____

_____ .

70

3. Bei uns zu Hause

Maria spricht mit Michael über ihre neue Wohnung. Sie malt eine Skizze und erklärt dazu: „Das ist …"

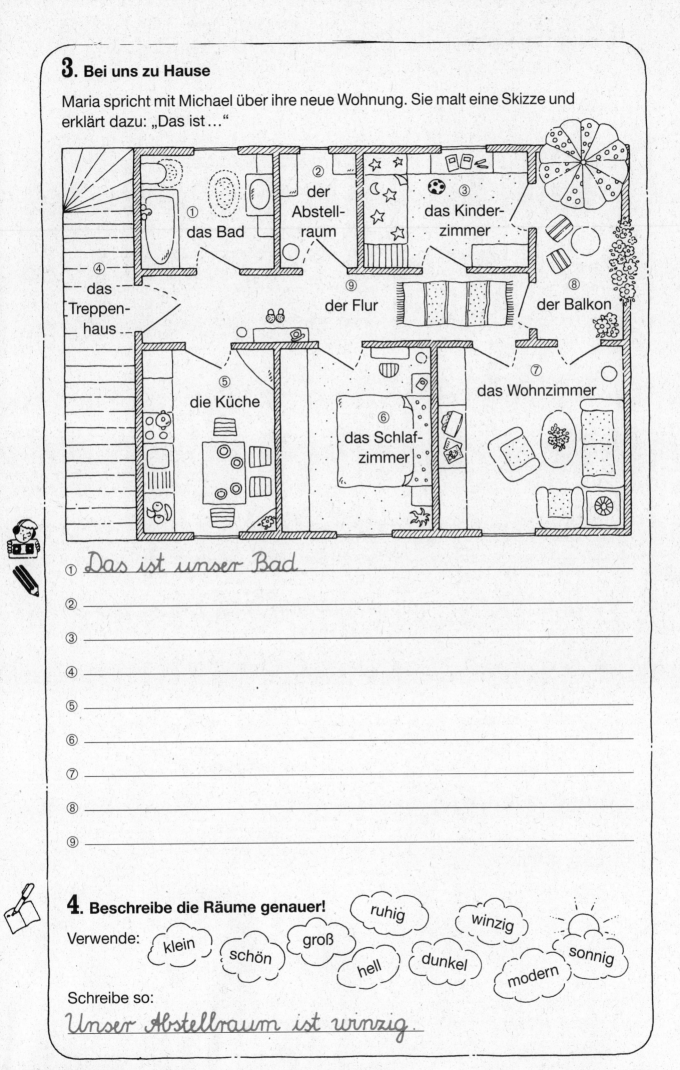

① _Das ist unser Bad._

② _____

③ _____

④ _____

⑤ _____

⑥ _____

⑦ _____

⑧ _____

⑨ _____

4. Beschreibe die Räume genauer!

Verwende: klein · schön · groß · ruhig · hell · dunkel · winzig · modern · sonnig

Schreibe so:

Unser Abstellraum ist winzig.

Freunde zu Besuch

1.

① Sie haben eine schöne Wohnung!

Ja, aber ...

② Wo ist denn das Baby?

③ Was ist denn auf den hübschen Fotos?

① Ja, aber _____unsere_____ Wohnung ist ein bißchen laut.

② _____ Baby schläft noch.

③ Das ist _____ Heimat-stadt. _____ Oma und _____ Opa wohnen da.

die Oma
____ℓ____

der Opa
____r____

die Heimat
____ℓ____

die Wohnung
____ℓ____

die Familie

unsere Familie

die Katzen (Plural)
____ℓ____

das Baby
____r____

das Auto
____r____

○ Sind die Katzen böse?

△ Nein, _u_____ sind ganz lieb.

○ Spielen wir?

△ Ja, _u_____ sind im Schrank.

Kette.
Einer ruft ein Substantiv (mit oder ohne Artikel), der nächste wiederholt das Wort mit „unser/e" und nennt ein neues Substantiv: z.B. (der) Fernseher – unser Fernseher/(das) Haus – ...
Variante: Einen Satz ergänzen – Unser Fernseher ist kaputt.

Die Kinder decken den Tisch.

Tisch

Teller

Tasse

Löffel

Tischdecke

Claudia legt eine schöne Tischdecke auf und stellt die Tassen und die Teller hin.
Peter bringt die Kaffeelöffel und die Kuchengabeln.
„Vergiß nicht das Messer für den Kuchen!" ruft Mutter.
Sie hat einen köstlichen Apfelkuchen gebacken. Dazu gibt es Kaffee für die
Erwachsenen und Kakao für die Kinder.
„Milch und Zucker fehlen noch", sagt Mutter.
Claudia gießt die Milch in ein Kännchen.
Peter schneidet noch eine Scheibe Brot ab für Vater.
Er möchte lieber Brot mit Käse essen.
Vater füllt Kaffee und Wasser in die
Kaffeemaschine und schaltet sie ein.
Schon klingelt der Besuch.

Kaffeemaschine

2. Was gehört zusammen?

A	eine Scheibe Brot	B	1	decken
B	den Tisch		2	einschalten
C	die Teller		3	bringen
D	die Kaffeemaschine		4	gießen
E	die Tischdecke		5	abschneiden
F	die Löffel		6	auflegen
G	die Milch		7	backen
H	der Kuchen		8	hinstellen

3. Der Besuch kommt. Alle erzählen, wie sie geholfen haben.
Die Kinder: „Wir haben den Tisch gedeckt."
Claudia: …

4. Stelle eine Liste der Gegenstände aus dem Haushalt zusammen!
Benutze das Wörterbuch!

Test 6

Hier kannst du dich prüfen

1. Du kannst jetzt selbst ein Interview machen

Stelle fünf Fragen.

Wie	lange viele groß	Geschwister	ißt hast bist	du	in Deutschland? Geburtstag? gern? ?
Was Wann					

_____ ?

_____ ?

_____ ?

_____ ?

_____ ?

Für jeden richtigen Satz gibt es einen Punkt.

Von 5 Punkten _____

2. Was haben sie gestern gemacht?

① Er hat seine neue _____

② _____ .

③ _____ .

④ _____ .

⑤ _____ .

Für jeden richtigen Satz gibt es einen Punkt.   *Von 5 Punkten _____*

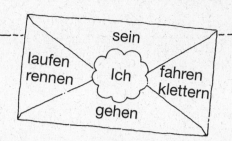

3. Ich schreibe Maria

Benutze die Wörter und erzähle aus den Ferien! Bilde Sätze!

Ich bin gestern am Bodensee gewesen.

Ich _____ gestern mit dem Boot _____.

Wir _____ gestern in die Eisdiele _____.

Wir _____ gestern zum Schloß _____.

Ich _____ gestern auf einen Baum _____.

Wir _____ gestern durch den Park _____.

Für jeden richtigen Satz gibt es einen Punkt.

Von 5 Punkten _____

4. Wie heißen die Räume?

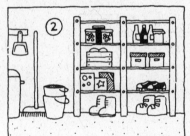

① d_____   ② d_____

③ d_____   ④ d_____

⑤ d_____   ⑥ d_____

Von 6 Punkten _____

Gesamtpunktzahl _____ *(von 21 Punkten)*

• •

21–18 Punkte: Prima! Du kannst schon sehr viel. ☆ ☆

17–14 Punkte: Du hast gut gelernt! Weiter so!

13–10 Punkte: Du hast schon viel glernt, könntest dich aber noch verbessern!

  9–6 Punkte: Lerne bitte genauer und übe mehr. Du solltest Übungen wiederholen!

  5–0 Punkte: Schade, du kannst es noch nicht. Übe alles noch einmal!

Abschlußtest

Jetzt kannst du schon viel verstehen. Das hast du alles in diesem Buch gelernt.

Ich möchte Maria wählen, weil sie nie streitet.

Du mußt den 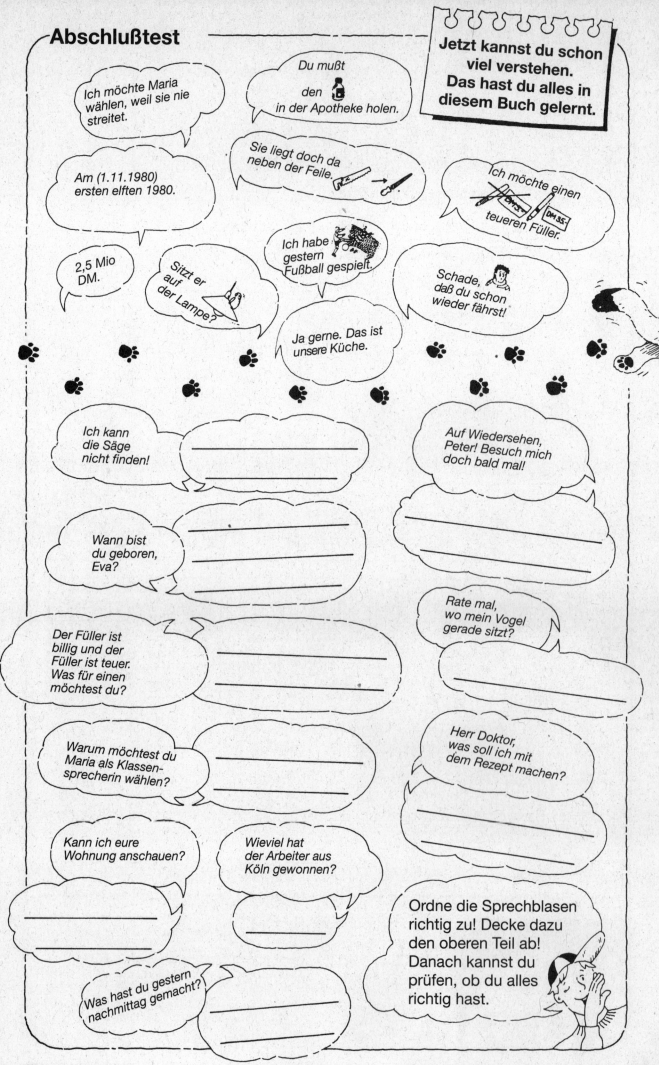 in der Apotheke holen.

Am (1.11.1980) ersten elften 1980.

Sie liegt doch da neben der Feile.

Ich möchte einen teueren Füller.

2,5 Mio DM.

Sitzt er auf der Lampe?

Ich habe gestern Fußball gespielt.

Schade, daß du schon wieder fährst!

Ja gerne. Das ist unsere Küche.

Ich kann die Säge nicht finden!

_____
_____

Auf Wiedersehen, Peter! Besuch mich doch bald mal!

_____
_____

Wann bist du geboren, Eva?

_____
_____
_____

Rate mal, wo mein Vogel gerade sitzt?

_____
_____

Der Füller ist billig und der Füller ist teuer. Was für einen möchtest du?

_____
_____

Warum möchtest du Maria als Klassensprecherin wählen?

_____
_____

Herr Doktor, was soll ich mit dem Rezept machen?

_____
_____

Kann ich eure Wohnung anschauen?

Wieviel hat der Arbeiter aus Köln gewonnen?

_____
_____

_____
_____

Ordne die Sprechblasen richtig zu! Decke dazu den oberen Teil ab! Danach kannst du prüfen, ob du alles richtig hast.

Was hast du gestern nachmittag gemacht?

_____
_____

76

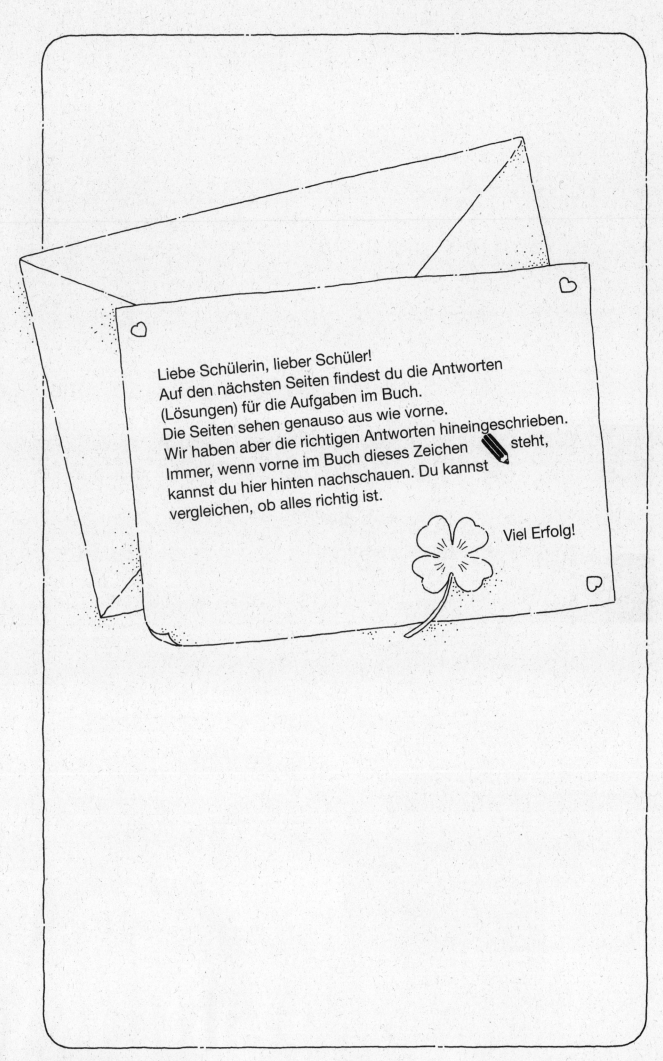

Liebe Schülerin, lieber Schüler!
Auf den nächsten Seiten findest du die Antworten
(Lösungen) für die Aufgaben im Buch.
Die Seiten sehen genauso aus wie vorne.
Wir haben aber die richtigen Antworten hineingeschrieben.
Immer, wenn vorne im Buch dieses Zeichen steht,
kannst du hier hinten nachschauen. Du kannst
vergleichen, ob alles richtig ist.

Viel Erfolg!

Hallo, wie geht's?

1. Im Treppenhaus

Lernschritt 1
Hier lernst du, mit Erwachsenen zu sprechen

- Hallo Tom! Wie geht es dir?
- △ Danke gut! Und dir?
- Nicht so gut!
- △ Warum nicht? Bist du krank?
- Ja, ich bin erkältet.
- △ Dann wünsche ich dir gute Besserung!

△ Guten Morgen, Frau Klein!
□ Guten Morgen, Tom! Wie geht's dir?
△ Danke gut, und Ihnen? Sind Sie wieder gesund?
□ Mir geht's wieder gut. Seit wann bist du denn aus den Ferien zurück?
△ Seit gestern abend. Aber jetzt muß ich gehen. Ich muß einkaufen. Auf Wiedersehen, Frau Klein!
□ Auf Wiedersehen, Tom!

2. Schreibe ein Gespräch mit deinem Nachbarn oder deiner Nachbarin auf!

Guten Tag, Frau ...!
Guten Tag ...! Wie geht's dir?
Danke gut, und Ihnen?
Auf Wiedersehen, Frau ...!
Mir geht's auch gut. Auf Wiedersehen!

3. In der Schule

Guten Morgen Kinder! Wie geht's?
Danke gut! Und Ihnen?

○ Guten Tag, Tom! Na, wie geht's?
△ Danke gut. Schade, jetzt sind die Ferien vorbei!
○ Aber Schule ist doch auch schön.

○ *Guten...*
△ *Danke...*

---

4. Kannst du die Dialoge zusammensetzen? Schreibe ins Heft!

Hallo Tom, wie geht's?
Dann wünsche ich dir gute Besserung!
Guten Morgen, Frau Klein!
Guten Morgen, Tom! Wie geht es dir?
Aber jetzt muß ich gehen! Ich muß einkaufen!
Danke gut und dir?
Mir geht's wieder gut! Seit wann bist du denn aus den Ferien zurück?
Nicht so gut!
Ja, ich bin erkältet!
Warum nicht? Bist du krank?
Auf Wiedersehen, Frau Klein!
Danke gut! Und Ihnen? Sind Sie wieder gesund?
Seit gestern abend.
Auf Wiedersehen, Tom!

5. Hilfst du gern? Ergänze die Dialoge mit dir | Ihnen | und | mir!

In der Schule

Kann ich *dir* helfen?
Ja, hilf *mir* bitte, diese Aufgabe ist schwer!

du → dir
ich → mir

Kann ich *dir* helfen?
Ja, hilf *mir* bitte. Ich kann es nicht allein!

du → dir
ich → mir

Kann ich *Ihnen* helfen?
Danke, das ist nett von *dir*!

Sie → Ihnen

Kannst du *mir* bitte helfen?
Natürlich, gern!

ich → mir

6. Im Haus

Frage die alte Dame, den alten Herrn im Haus, ob du helfen kannst!

die Tasche tragen | einkaufen | die Blumen gießen | die Zeitung holen

Kann ich Ihnen die Tasche tragen?
Kann ich Ihnen einkaufen?
Kann ich Ihnen die Blumen gießen?
Kann ich Ihnen die Zeitung holen?

Wer ist der erste?

1. Wettkampf

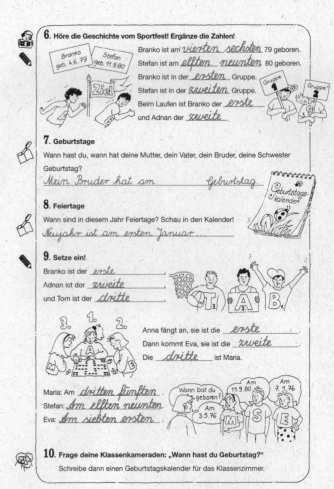

Lernschritt 2
So heißen die Ordnungszahlen

Ich bin der erste! Ich bin der zweite! Ich bin die dritte! Ich bin die vierte! Ich bin die fünfte! Ich bin der sechste! Und ich bin die siebte!

2. Ergänze!

Adnan sagt: *„Ich bin der erste!"*
Stefan sagt: *„Ich bin der zweite!"*
Anna sagt: *„Ich bin die dritte!"*
Eva ruft: *„Ich bin die vierte!"*
Tom sagt: *„Ich bin der fünfte!"*
Kostas ruft: *„Ich bin der sechste!"*
Maria sagt: *„Ich bin die siebte!"*

3. Höre die Übung auf der Kassette und setze ein!

8 April *der achte* April
17 Juli *der siebzehnte* Juli
11 Mai *der elfte* Mai
9 März *der neunte* März
14 Juni *der vierzehnte* Juni
12 April *der zwölfte* April

4. Schreibe ins Heft!

20 April *Heute ist der zwanzigste April.*
21 Mai *Heute ist der einundzwanzigste Mai.*

5. Im September

Montag	SEPTEMBER	7	14	21 Herbstanfang	28
Dienstag	1	8	15	22	29 Mutter Geburtstag
Mittwoch	2	9 Schulanfang	16	23	30
Donnerstag	3	10	17	24	Notizen
Freitag	4	11 Stefan Geburtstag	18	25	
Samstag	5	12	19	26	
Sonntag	6	13 Besuch Tante Rosa	20 Zirkus	27 Sportfest	

Schreibe so:

Am neunten September ist...

---

6. Höre die Geschichte vom Sportfest! Ergänze die Zahlen!

Branko geb. 4.6.79 | Stefan geb. 11.9.80

Branko ist am *vierten sechsten* 79 geboren.
Stefan ist am *elften neunten* 80 geboren.
Branko ist in der *ersten* Gruppe.
Stefan ist in der *zweiten* Gruppe.
Beim Laufen ist Branko der *erste*
und Adnan der *zweite*.

7. Geburtstage

Wann hast du, wann hat deine Mutter, dein Vater, dein Bruder, deine Schwester Geburtstag?

Mein Bruder hat am   Geburtstag

8. Feiertage

Wann sind in diesem Jahr Feiertage? Schau in den Kalender!

Neujahr ist am ersten Januar...

9. Setze ein!

Branko ist der *erste*
Adnan ist der *zweite*
und Tom ist der *dritte*

Anna fängt an, sie ist die *erste*
Dann kommt Eva, sie ist die *zweite*
Die *dritte* ist Maria.

Maria: Am *dritten fünften*
Stefan: *Am elften neunten*
Eva: *Am siebten ersten*

Wann bist du geboren? 11.9.80 | 7.1.76 | Am 3.5.76

10. Frage deine Klassenkameraden: „Wann hast du Geburtstag?"

Schreibe dann einen Geburtstagskalender für das Klassenzimmer.

Hast du Zeit?

1. Am Morgen

① Ich muß *aufstehen.*
② Ich muß *die Zähne putzen.*
③ *Ich muß* frühstücken.
④ *Ich muß* in die Schule gehen.

Jetzt kann der Tag beginnen!

① aufstehen
③ frühstücken
② die Zähne putzen
④ in die Schule gehen

Und du? *Ich muß* _____

2. Jeder muß etwas tun

So kannst du andere fragen:

noch Hausaufgaben machen · helfen · einkaufen · Blumen gießen

Mußt du auch...? — Na klar, ich muß auch. — Klar, muß er.
Muß Robert auch immer...? — Aber muß Maria denn auch...? — Sicher muß sie.

ich muß / du mußt / er muß / sie muß / sie müssen

3. Ein Telefongespräch

Peter: Frau Meier, kann Robert zum Sportplatz kommen oder *muß er* noch Hausaufgaben machen?
„Kommt Maria gleich mit oder *muß sie* auch noch arbeiten?"
Frau Meier: „Ja, Peter, die sind beide noch nicht ganz fertig. *Mußt du* denn nichts mehr für die Schule tun?"
Peter: „Doch, *ich muß* noch Mathematik fertig machen. Können Robert und Maria in einer Stunde kommen?"
Frau Meier: „Ja, das geht."

8

4. Morgen willst du etwas tun. Du mußt es heute vorbereiten.

A: Morgen will ich das Fußballspiel ansehen.
B: Da mußt du aber heute noch die Karten holen! (du/die Karten holen)

A: Morgen will ich meine kranke Tante besuchen.
B: *Da mußt du aber heute noch die Blumen kaufen!* (du/die Blumen kaufen)

A: Morgen wollen wir ins Schullandheim fahren.
B: *Da mußt du aber heute noch den Koffer packen!* (du/den Koffer packen)

A: Morgen will ich zum Arzt gehen.
B: *Da mußt du aber heute noch den Krankenschein besorgen!* (du/den Krankenschein besorgen)

5. Was sagst du hier? „Ich muß ..." oder „Ich möchte..."

Ich *möchte* Fahrrad fahren.
Ich *möchte* Federball spielen.
Ich *muß* zum Zahnarzt gehen.
Ich muß jetzt in die Schule gehen.
Ich möchte Tischtennis spielen.
Ich möchte jetzt fernsehen.
Ich muß noch die Blumen gießen.

Spiele dazu mit dem Satzkreisel „Dreh und stop!" im Spieleteil! S. 97

9

Was ist los in Haus Nummer 4?

1. Alle müssen helfen

Frau Müller muß bügeln. · Sie müssen Hausaufgaben machen. · Er muß den Tisch decken. · Sie müssen Wäsche aufhängen. · Sie müssen aufräumen. · Er muß die Bretter sägen.

Die Kinder sind auf dem Speicher.
Sie müssen Wäsche aufhängen.

Das Zimmer ist so unordentlich.
Sie müssen aufräumen.

Das Essen ist fertig.
Er muß den Tisch decken.

Die Wäsche ist trocken.
Frau Müller muß bügeln.

Die Kinder können nicht spielen.
Sie müssen Hausaufgaben machen.

Vater baut ein Regal.
Er muß die Bretter sägen.

2. Schreibe auf, was du im Haus siehst!

Möbel | Elektrogeräte   Benutze das Wörterbuch!

10

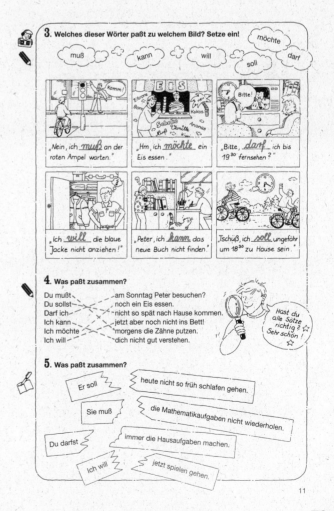

3. Welches dieser Wörter paßt zu welchem Bild? Setze ein!

möchte · muß · kann · will · soll · darf

„Nein, ich *muß* an der roten Ampel warten."
„Hm, ich *möchte* ein Eis essen."
„Bitte, *darf* ich bis 19³⁰ fernsehen?"
„Ich *will* die blaue Jacke nicht anziehen!"
„Peter, ich *kann* das neue Buch nicht finden."
„Tschüß, ich *soll* ungefähr um 18³⁰ zu Hause sein."

4. Was paßt zusammen?

Du mußt — am Sonntag Peter besuchen?
Du sollst — noch ein Eis essen.
Darf ich — nicht so spät nach Hause kommen?
Ich kann — jetzt aber noch nicht ins Bett!
Ich möchte — morgens die Zähne putzen.
Ich will — dich nicht gut verstehen.

Hast du alle Sätze richtig? Sehr schön!

5. Was paßt zusammen?

Er soll — heute nicht so früh schlafen gehen.
Sie muß — die Mathematikaufgaben nicht wiederholen.
Du darfst — immer die Hausaufgaben machen.
Ich will — jetzt spielen gehen.

11

Lernschritt 5
So kannst du persönliche Angaben machen

1.

○ Du bist neu hier, oder?
△ Ja!
○ Wie heißt du denn?
△ Ich heiße Kostas.
○ Kommst du aus der Türkei?
△ Nein, aus Griechenland.
Und wie heißt du?
△ Ich heiße Stefan.

Und du?
Wie heißt du? Woher kommst du?

aus Polen
aus Griechenland
aus Schweden
aus Jugoslawien
aus Rumänien
aus der Sowjetunion
aus Spanien
aus Ungarn
aus der Türkei

Ich _____

_____

_____

2. Schreibe noch mehr Fragen und Antworten auf!

3. Im Büro

Der Schüler Kostas Greco bitte ins Büro!

○ Hörst du, Kostas?
Du sollst ins Büro!
△ Ich geh' schon.

BÜRO

□ Guten Tag, Kostas. Ich brauche noch ein paar Informationen. Wann bist du geboren?
△ Ich bin am sechzehnten zweiten zweiundachtzig geboren.
□ Und wo?
△ In Athen, in Griechenland.
□ Wo wohnst du denn?
△ In der Bayerstraße einunddreißig.

Und du? Wann bist du geboren?

Ich _____

Und wo bist du geboren?

_____

4. Schreibe auch so:

21.5.84   5.3.83   24.12.82
30.8.81

7.1.80   *Ich bin am 7.1.80 geboren.*

Ich bin in Warschau, in Polen geboren

Warschau Polen

Ankara Türkei
Stockholm Schweden
Budapest Ungarn
Bukarest Rumänien
Madrid Spanien
Rom Italien

12

---

5. Nach dem Unterricht

MVV **Münchner Verkehrs- und Tarifverbund**
Zeitkarte
für den Ausbildungstarif I

Nr 1695 82

Kostas Greco
Vor- und Zuname   16.2.82
Geburtsdatum
Bayerstraße 31
Straße, Hausnummer
8000 München 2
Postleitzahl, Wohnort
HS München
Ausbildungsstätte

Stefan: Zeig mal, ist das dein Fahrausweis?
Kostas: Ja, ganz neu!
Stefan: Du wohnst ja in meiner Straße!
Kostas: Ich wohne in der Bayerstraße 31.
Stefan: Und ich Nr. 27. Da können wir ja zusammen fahren!

Und du? Wo wohnst du?

Ich _____

6. Im Bus

Mann: Fahrscheinkontrolle! Die Fahrausweise, bitte!
Stefan: Hier, bitte.
Mann: Danke, und deinen Ausweis, bitte!
Kostas: Hier – nein - hier auch nicht.
Au weia, ich glaub, der liegt noch im Schulhof.
Mann: Tut mir leid, junger Mann, Schwarzfahren kostet 60 Mark.
Und jetzt: Wie heißt du? Wo wohnst du?
Kostas: Ich heiße Kostas Greco und wohne in der Bayerstraße 31.
Aber ich habe wirklich einen Ausweis! Ganz neu!
Mann: Dann kostet es nur 5 Mark, aber du mußt den Ausweis beim Zahlen zeigen. Also nie den Ausweis vergessen!
Auf Wiedersehen!

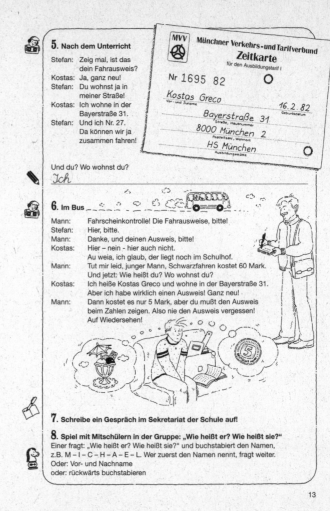

7. Schreibe ein Gespräch im Sekretariat der Schule auf!

8. Spiel mit Mitschülern in der Gruppe: „Wie heißt er? Wie heißt sie?"
Einer fragt: „Wie heißt er? Wie heißt sie?" und buchstabiert den Namen, z.B. M – I – C – H – A – E – L. Wer zuerst den Namen nennt, fragt weiter.
Oder: Vor- und Nachname
oder: rückwärts buchstabieren

13

Beim Arzt

Lernschritt 6
Hier lernst du, was beim Arztbesuch wichtig ist

1. Bei der Anmeldung

○ Guten Tag! Wie heißt du?
_____
○ Wie buchstabiert man das?
_____
○ Deine Adresse?
_____

○ Bitte geh' jetzt ins Wartezimmer dort links!
△ Wie lange muß ich warten?
○ Etwa eine halbe Stunde.

Im Sprechzimmer

○ So, was fehlt dir denn?
△ Mein Bauch tut mir immer weh!
○ Zieh' dich bitte aus und leg' dich hin.
Tut es hier weh?
△ Ja, au!
○ Das ist der Blinddarm.
Du mußt vielleicht ins Krankenhaus.
Ich muß dir jetzt ein bißchen Blut abnehmen.
Tut das weh?
△ Nein, es geht schon.
○ Dann muß ich noch den Blutdruck messen.
So fertig! Geh' jetzt zur Arzthelferin!

Ich muß dir jetzt ein bißchen Blut abnehmen.

Oh, je!

Hier kannst du dich wiegen!

○ Wie groß bist du? _____ cm
Wieviel wiegst du? _____ kg

2. Spiel den Dialog mit einem Partner!

14

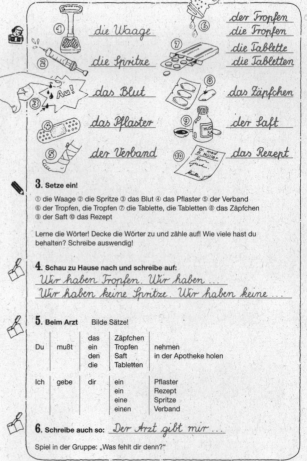

① die Waage   ⑥ der Tropfen, die Tropfen
② die Spritze
③ das Blut   der Tropfen / die Tropfen
④ das Pflaster die Tablette / die Tabletten
⑤ der Verband   das Blut
                das Zäpfchen
                das Pflaster   der Saft
                der Verband   das Rezept

3. Setze ein!
① die Waage ② die Spritze ③ das Blut ④ das Pflaster ⑤ der Verband
⑥ der Tropfen, die Tropfen ⑦ die Tablette, die Tabletten ⑧ das Zäpfchen
⑨ der Saft ⑩ das Rezept

Lerne die Wörter! Decke die Wörter zu und zähle auf! Wie viele hast du behalten? Schreibe auswendig!

4. Schau zu Hause nach und schreibe auf:
Wir haben Tropfen. Wir haben ...
Wir haben keine Spritze. Wir haben keine ...

5. Beim Arzt   Bilde Sätze!

Du	mußt	das	Zäpfchen	nehmen
		ein	Tropfen	in der Apotheke holen
		den	Saft	
		die	Tabletten	

Ich	gebe	dir	ein	Pflaster
			ein	Rezept
			eine	Spritze
			einen	Verband

6. Schreibe auch so: *Der Arzt gibt mir ...*

Spiel in der Gruppe: „Was fehlt dir denn?"

15

80

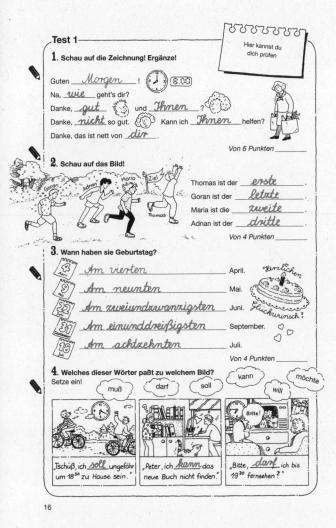

Test 1

Hier kannst du dich prüfen

1. Schau auf die Zeichnung! Ergänze!

Guten _Morgen_ ! (8.00)
Na, _wie_ geht's dir?
Danke, _gut_ und _Ihnen_ ?
Danke, _nicht_ so gut. Kann ich _Ihnen_ helfen?
Danke, das ist nett von _dir_.

Von 6 Punkten _____

2. Schau auf das Bild!

Thomas ist der _erste_
Goran ist der _letzte_
Maria ist die _zweite_
Adnan ist der _dritte_

Von 4 Punkten _____

3. Wann haben sie Geburtstag?

Am vierten April.
Am neunten Mai.
Am zweiundzwanzigsten Juni.
Am einunddreißigsten September.
Am achtzehnten Juli.

Von 4 Punkten _____

4. Welches dieser Wörter paßt zu welchem Bild? Setze ein!

muß darf soll kann will möchte

"Tschüß, ich _soll_ ungefähr um 18³⁰ zu Hause sein."
"Peter, ich _kann_ das neue Buch nicht finden."
"Bitte, _darf_ ich bis 19³⁰ fernsehen?"

16

"Ich _will_ die blaue Jacke nicht anziehen!"
"Nein, ich _muß_ an der roten Ampel warten."
"Hm, ich _möchte_ ein Eis essen."

Von 6 Punkten _____

5. Wie heißt das?

das Zäpfchen | die Tablette | das Blut
die Waage | der Tropfen | der Saft

Von 6 Punkten _____

6. Bilde vier Sätze mit den Wörtern im Kasten!

Ich gebe dir ein Pflaster.
Du bekommst ein Rezept.
Er gibt mir eine Spritze.
Du bekommst einen Verband.

| Ich Du Er | gibt gebe gibst bekommt bekomme bekommst | | einen ein eine | Pflaster Rezept Spritze Verband |

Von 4 Punkten _____
Gesamtpunktzahl _____ *(von 30 Punkten)*

30–25 Punkte: Prima! Du kannst schon sehr viel.
24–19 Punkte: Du hast gut gelernt! Weiter so!
18–12 Punkte: Du hast schon viel gelernt, kannst aber noch besser werden!
11–6 Punkte: Lerne bitte genauer und übe mehr. Wiederhole die Übungen!
5–0 Punkte: Schade, du kannst es noch nicht. Übe noch einmal von vorne!

17

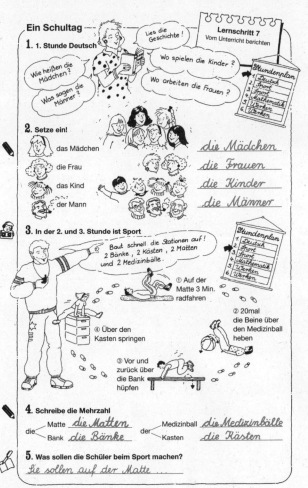

Ein Schultag

Lernschritt 7 — Vom Unterricht berichten

1. 1. Stunde Deutsch

Lies die Geschichte!
Wie heißen die Mädchen?
Was sagen die Männer?
Wo spielen die Kinder?
Wo arbeiten die Frauen?

Stundenplan: 1 Deutsch 2 Sport 3 Sport 4 Mathematik 5 Werken 6 Werken

2. Setze ein!

das Mädchen — _die Mädchen_
die Frau — _die Frauen_
das Kind — _die Kinder_
der Mann — _die Männer_

3. In der 2. und 3. Stunde ist Sport

Baut schnell die Stationen auf! 2 Bänke, 2 Kästen, 2 Matten und 2 Medizinbälle.
① Auf der Matte 3 Min. radfahren
② 20mal die Beine über den Medizinball heben
③ Vor und zurück über die Bank hüpfen
④ Über den Kasten springen

4. Schreibe die Mehrzahl

die Matte — _die Matten_
die Bank — _die Bänke_
der Medizinball — _die Medizinbälle_
der Kasten — _die Kästen_

5. Was sollen die Schüler beim Sport machen?

Sie sollen auf der Matte ...

18

6. 4. Stunde: Mathematik!

Verwandle die folgenden Brüche in Dezimalzahlen, indem du die Zähler durch die Nenner dividierst!
Kannst du mir diese Aufgabe erklären?
Sicher, Lies mal vor!
3/4 — oben ist der Zähler, 4 — unten ist der Nenner. Das Ganze ist der Bruch → 3/4. Jetzt teilst du 3 : 4, also 3 : 4 = 0,75, das ist die Dezimalzahl!
Klar, das ist ja ganz einfach! Zähler sind über dem Bruchstrich – Nenner sind unter dem Bruchstrich. Dezimalzahlen sind die mit dem Komma.
Verstehst du jetzt?

7. Ergänze!

der Bruch — die _Brüche_
der _Zähler_ — die Zähler
der _Nenner_ — die _Nenner_
die _Dezimalzahl_ — die Dezimalzahlen

8. In der 5. und 6. Stunde ist Werken

Bitte, ich brauche ... einen Nagel. / ... eine Säge. / ... einen Handbohrer.
Die Nägel... Die Sägen... Die Handbohrer...
... Sind dort im Schrank!

der Nagel — _viele Nägel_
die Säge — _viele Sägen_
der Handbohrer — _viele Handbohrer_

Nach der Arbeit:
Die _Nägel_ kommen alle wieder in den Schrank.
Die Sägen kommen alle wieder in den Schrank.
Die Handbohrer kommen alle wieder in den Schrank.

9. Ordne alle neuen Wörter in eine Tabelle! Findest du noch mehr?

–	–er	–e	–n	–en
Nenner	Männer	Brüche	Matten	Dezimalzahlen

10. Schreibe Wortkarten: Vorderseite Singular, Rückseite Plural.

der Baum | die Bäume

19

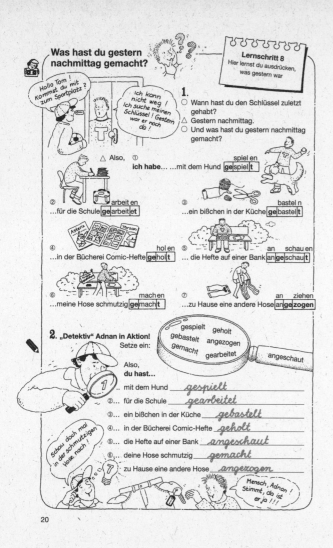

Was hast du gestern nachmittag gemacht?

Hallo Tom! Kommst du mit zum Sportplatz?

Ich kann nicht weg! Ich suche meinen Schlüssel! Gestern war er noch da!

Lernschritt 8
Hier lernst du ausdrücken, was gestern war

1.
○ Wann hast du den Schlüssel zuletzt gehabt?
△ Gestern nachmittag.
○ Und was hast du gestern nachmittag gemacht?

△ Also, ① **ich habe**… …mit dem Hund ge|spiel|t spiel en

② …für die Schule ge|arbeit|et arbeit en
③ …ein bißchen in der Küche ge|bastel|t bastel n
④ …in der Bücherei Comic-Hefte ge|hol|t hol en
⑤ …die Hefte auf einer Bank an|ge|schau|t an schau en
⑥ …meine Hose schmutzig ge|mach|t mach en
⑦ …zu Hause eine andere Hose an|ge|zogen an ziehen

2. „Detektiv" Adnan in Aktion!
Setze ein:

gespielt geholt
gebastelt angezogen
gemacht gearbeitet angeschaut

Also, **du hast…**
①. …mit dem Hund *gespielt*
②. …für die Schule *gearbeitet*
③. …ein bißchen in der Küche *gebastelt*
④. …in der Bücherei Comic-Hefte *geholt*
⑤. …die Hefte auf einer Bank *angeschaut*
⑥. …deine Hose schmutzig *gemacht*
⑦. …zu Hause eine andere Hose *angezogen*

Schau doch mal in der schmutzigen Hose nach!

Mensch, Adnan! Stimmt, da ist er ja!!!

20

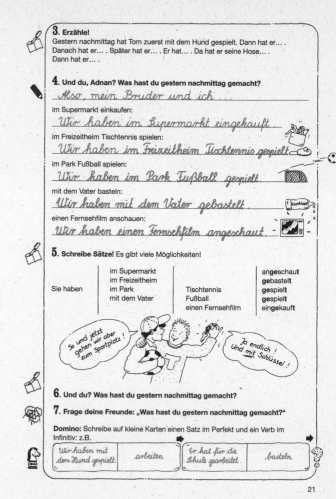

3. Erzähle!
Gestern nachmittag hat Tom zuerst mit dem Hund gespielt. Dann hat er… . Danach hat er… . Später hat er… . Er hat… . Da hat er seine Hose… . Dann hat er… .

4. Und du, Adnan? Was hast du gestern nachmittag gemacht?
Also, mein Bruder und ich …

im Supermarkt einkaufen:
Wir haben im Supermarkt eingekauft

im Freizeitheim Tischtennis spielen:
Wir haben im Freizeitheim Tischtennis gespielt

im Park Fußball spielen:
Wir haben im Park Fußball gespielt.

mit dem Vater basteln:
Wir haben mit dem Vater gebastelt

einen Fernsehfilm anschauen:
Wir haben einen Fernsehfilm angeschaut

5. Schreibe Sätze! Es gibt viele Möglichkeiten!

| Sie haben | im Supermarkt im Freizeitheim im Park mit dem Vater | Tischtennis Fußball einen Fernsehfilm | angeschaut gebastelt gespielt gespielt eingekauft |

So und jetzt gehen wir aber zum Sportplatz!

Ja endlich! Und mit Schlüssel!

6. Und du? Was hast du gestern nachmittag gemacht?

7. Frage deine Freunde: „Was hast du gestern nachmittag gemacht?"

Domino: Schreibe auf kleine Karten einen Satz im Perfekt und ein Verb im Infinitiv: z.B.

| Wir haben mit dem Hund gespielt. | arbeiten | Er hat für die Schule gearbeitet | basteln |

21

Ferienerlebnisse

1.
schlafen kaufen kaufen
kochen
üben tauschen
putzen spielen holen schießen

Lernschritt 9
Aus den Ferien erzählen

Was hast du denn gestern nachmittag gemacht? Du warst nicht zu Hause.

Stimmt! Ich habe meinen Vetter besucht. Es war toll! Wir haben…

Bei mir war's nicht so gut. Ich habe viel gearbeitet. Ich habe… Aber heute habe ich Zeit!

Das ist gut. Dann machen wir heute zusammen. Ja? Ab halb drei?

Okay, bis dann.

2. Schreibe die passenden Nummern in die Bilder!
① lange geschlafen
② Deutsch geübt
③ mein Zimmer geputzt
④ Gemüse gekauft
⑤ Gemüsesuppe gekocht
⑥ ein Kartenspiel gekauft
⑦ für jeden ein Eis geholt
⑧ Tischtennis gespielt
⑨ sogar ein Tor geschossen
⑩ Aufkleber getauscht

3. Was sagt Maria?   **Und Paul?**
Ich habe Deutsch geübt.   *Ich habe ein Kartenspiel*
Ich habe …   *gekauft. Ich habe …*

4. Was hat Paul alles gemacht?
Er hat ein Kartenspiel gekauft. Er hat für jeden

5. Maria erzählt. Setze ein!
„Erst hat er seinen Vetter *besucht*. Beim Fußballspiel hat er ein tolles Tor *geschossen*. Dann hat er mit Rudi Tischtennis *gespielt*. Auf dem Weg nach Hause hat er noch ein Kartenspiel *gekauft*, und für jeden ein Eis *geholt*. „Und was macht ihr heute?" „Mal sehn. Tschüß"

22

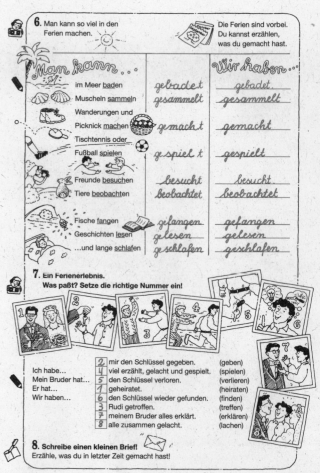

6. Man kann so viel in den Ferien machen.

Die Ferien sind vorbei. Du kannst erzählen, was du gemacht hast.

Man kann …		**Wir haben …**
im Meer baden	gebadet	gebadet.
Muscheln sammeln	gesammelt	gesammelt
Wanderungen und Picknick machen	gemacht	gemacht
Tischtennis oder Fußball spielen	gespielt	gespielt
Freunde besuchen	besucht	besucht.
Tiere beobachten	beobachtet	beobachtet
Fische fangen	gefangen	gefangen
Geschichten lesen	gelesen	gelesen
…und lange schlafen	geschlafen	geschlafen

7. Ein Ferienerlebnis.
Was paßt? Setze die richtige Nummer ein!

Ich habe…
Mein Bruder hat…
Er hat…
Wir haben…

2	mir den Schlüssel gegeben.	(geben)
4	viel erzählt, gelacht und gespielt.	(spielen)
5	den Schlüssel verloren.	(verlieren)
1	geheiratet.	(heiraten)
6	den Schlüssel wieder gefunden.	(finden)
3	Rudi getroffen.	(treffen)
7	meinem Bruder alles erklärt.	(erklären)
8	alle zusammen gelacht.	(lachen)

8. Schreibe einen kleinen Brief!
Erzähle, was du in letzter Zeit gemacht hast!

23

82

Ein Brief an Maria

1. Thomas: Ich schreibe an Maria.
Ob sie wohl antwortet?

> **Lernschritt 10**
> In Briefen erzählen

Speech bubbles:
Peter, kannst du mir helfen? Ich will Maria schreiben. Aber vielleicht lacht sie. Ich mache noch so viele Fehler.

Na klar! Ich helfe dir!

Also man sagt, wenn es schon gestern war: „Ich bin gegangen."

Ich sage z. B.: Ich gehe zum Schwimmen – aber gestern, nicht jetzt. Ich fahre mit dem Boot – vorgestern.

Ich schreib dir alles auf!

Alles klar! Jetzt versuch ich es! Danke!

2.

① + ⑤ bin…gewesen   ③ + ⑥ sind gegangen
② bin…gefahren   ④ sind…gefahren

Liebe Maria!

Ich erzähle Dir etwas von meinen Ferien. Ich **bin** gestern am Ammersee **gewesen** ①(sein). Ich **bin** dort mit dem Boot **gefahren** ②(fahren). Dann **sind** wir alle zu Fuß zum Schloß **gegangen** ③(gehen). Das war sehr schön. Bei meinen Verwandten **sind** wir mit dem Rad **gefahren** ④(fahren). Ich **bin** der erste **gewesen** ⑤(sein). Wir **sind** dann alle in die Eisdiele **gegangen** ⑥(gehen). Meine Tante hat mir eine Riesenportion Eis gekauft.

Es geht mir also gut. Wie geht's Dir?

Viele Grüße   Thomas

Speech bubbles:
Peter, ist das so richtig?

Super! Da lacht Maria dich nicht aus. Vielleicht antwortet sie.

3. Frage jemanden:

„Bist du schon mal in Amerika gewesen?" „Bist du schon mal geflogen?"
„Bist du schon mal mit einem Schiff gefahren?"

24

---

4. Du kannst noch mehr erzählen
Such dir hier etwas aus!

Ihr seid	gestern	mit dem Bus	gefahren
		mit dem Boot	
Sie ist	vorgestern	mit dem Fahrrad	
		mit dem Flugzeug	geflogen
Ich bin	letzte Woche	ins Schwimmbad	
		ins Museum	gegangen
Du bist	am Mittwoch	zu meiner Freundin	
		mit Anna um die Wette	gelaufen
Er ist	heute früh	durch den Park	
		im Wald	gerannt
Wir sind	im Sommer	im Kino	
		bei meinen Verwandten	
Sie sind		auf dem Sportplatz	gewesen

Schreibe so:

Ich bin gestern mit dem Bus gefahren.

5.

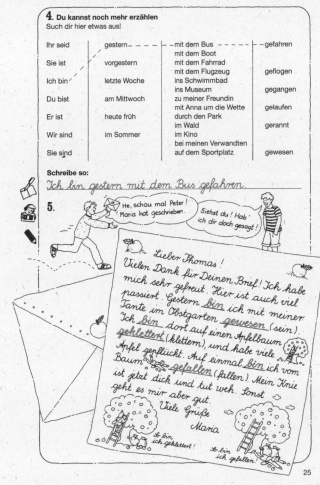

Speech bubbles:
He, schau mal Peter! Maria hat geschrieben.

Siehst du! Hab' ich dir doch gesagt!

Letter:
Lieber Thomas!
Vielen Dank für Deinen Brief! Ich habe mich sehr gefreut. Hier ist auch viel passiert. Gestern **bin** ich mit meiner Tante im Obstgarten **gewesen** (sein). Ich **bin** dort auf einen Apfelbaum **geklettert** (klettern), und habe viele Äpfel gepflückt. Auf einmal **bin** ich vom Baum **gefallen** (fallen). Mein Knie ist jetzt dick und tut weh. Sonst geht es mir aber gut.
Viele Grüße
Maria

Ich bin geklettert!

Ich bin gefallen!

25

Im Sportverein

1.

> **Lernschritt 11**
> So beschreibt man Tätigkeiten genauer

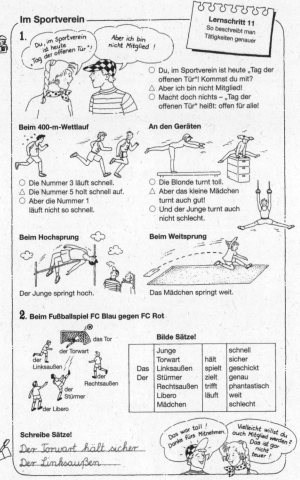

Speech bubbles:
Du, im Sportverein ist heute „Tag der offenen Tür"!

Aber ich bin nicht Mitglied!

○ Du, im Sportverein ist heute „Tag der offenen Tür"! Kommst du mit?
△ Aber ich bin nicht Mitglied!
○ Macht doch nichts – „Tag der offenen Tür" heißt: offen für alle!

Beim 400-m-Wettlauf

○ Die Nummer 3 läuft schnell.
○ Die Nummer 5 holt schnell auf.
○ Aber die Nummer 1 läuft nicht so schnell.

An den Geräten

○ Die Blonde turnt toll.
△ Aber das kleine Mädchen turnt auch gut!
○ Und der Junge turnt auch nicht schlecht.

Beim Hochsprung

Der Junge springt hoch.

Beim Weitsprung

Das Mädchen springt weit.

2. Beim Fußballspiel FC Blau gegen FC Rot

das Tor
der Torwart
der Linksaußen
der Rechtsaußen
der Stürmer
der Libero

Bilde Sätze!

	Junge	hält	schnell
	Torwart		sicher
Das	Linksaußen	spielt	geschickt
Der	Stürmer	zielt	genau
	Rechtsaußen	trifft	phantastisch
	Libero	läuft	weit
	Mädchen		schlecht

Schreibe Sätze!

Der Torwart hält sicher
Der Linksaußen

Speech bubbles:
Das war toll! Danke fürs Mitnehmen!

Vielleicht willst du auch Mitglied werden? Das ist gar nicht teuer!

26

---

3. Am nächsten Tag

○ Guten Tag!
△ Hallo ihr zwei!
○ Mein Freund hier möchte auch Mitglied werden.
△ Prima, die Anmeldung geht ganz einfach und schnell.

Form:
° TSV · Neustadt
Anmeldung
Name _____ Vorname _____
Adresse _____
Mitglied ab: _____
Bei Minderjährigen Unterschrift des Erziehungsberechtigten _____
Kontonummer _____
Bankverbindung _____

Speech bubbles:
Schreibe deutlich deinen Namen und deine Adresse auf die Anmeldung!

Bring schnell das Blatt mit der Unterschrift zurück!

Füll sauber die Zeilen aus!

Du bekommst sofort den Ausweis!

Du darfst gleich mitmachen!

○ Wir schauen mal auf den Trainingsplan!
△ Toll, jetzt um 3 Uhr ist Tischtennis. Vielleicht können wir mitmachen?

TRAININGSPLAN			
ZEIT	MONTAG	DIENSTAG	MITTWOCH
9 – 10	Volley-Ball	Aerobik	Mutter und Kind Gymnastik
10 – 11		Basketball	Volley-Ball
11 – 12	Gymnastik	Taekwondo	
1 – 2		Leichtathletik	Jazz-Dance
2 – 3	Tischtennis	Fußball	Tischtennis
3 – 4		Fußball	

4.

TRAINER

Speech bubbles:
Steh fest auf den Füßen!
Holte den Schläger fest in der Hand!
Spiel locker aus der Schulter!
Steh locker in den Knien!
Ziel genau auf die Platte!
Spiel genau über das Netz!

der Schläger
das Netz
die Platte

5. Schreibe so:

Ich muß fest auf den Füßen stehen. Ich muß

6. Spiele Radio-Reporter:

„Meine Damen und Herren, der Libero läuft phantastisch! …"

27

Die Zitrone ist aber sauer!

Lernschritt 12
So beschreibt man
Gegenstände genauer

Hm, die Banane ist süß!

Brr! Die Zitrone ist aber sauer!

1. Ergänze!

alt leer dünn klein kurz hart heiß sauer traurig

spitz — lang — voll — groß — dick

stumpf — kurz — leer — dünn — klein

neu — weich — süß — kalt — fröhlich

alt — hart — sauer — heiß — traurig

2. Bilde Sätze!

ist / sind

Oh! Alles durcheinander!

Versuch's, mach's richtig!

Ein Bleistift …
Die Banane …
Die Zitrone …
Eine Tasche …
Ein Heft …
Die Limonade …
Eine Hose …
Der Kakao …
Ein Kind …
Ein Paar Schuhe …
Ein Federmäppchen …
Ein Lineal …

neu / heiß / spitz / voll / groß / leer / alt / fröhlich / kurz / hart / dick / traurig / süß / kalt / weich / stumpf / lang / klein / dünn / sauer

3. Ein Bleistift ist stumpf, ein Bleistift ist spitz.
Die Banane ist süß, die Zitrone ist

---

4. Diese Sachen gehören Peter — **Und diese gehören Maria**

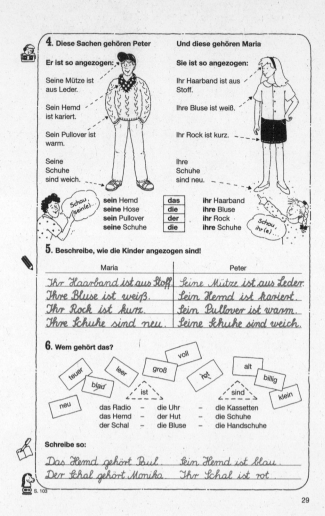

Er ist so angezogen:

Seine Mütze ist aus Leder.

Sein Hemd ist kariert.

Sein Pullover ist warm.

Seine Schuhe sind weich.

Sie ist so angezogen:

Ihr Haarband ist aus Stoff.

Ihre Bluse ist weiß.

Ihr Rock ist kurz.

Ihre Schuhe sind neu.

Schau, sein(e).

sein Hemd	das	**ihr** Haarband	
seine Hose	die	**ihre** Bluse	
sein Pullover	der	**ihr** Rock	
seine Schuhe	die	**ihre** Schuhe	

Schau, ihr(e).

5. Beschreibe, wie die Kinder angezogen sind!

Maria	Peter
Ihr Haarband ist aus Stoff.	Seine Mütze ist aus Leder.
Ihre Bluse ist weiß.	Sein Hemd ist kariert.
Ihr Rock ist kurz.	Sein Pullover ist warm.
Ihre Schuhe sind neu.	Seine Schuhe sind weich.

6. Wem gehört das?

voll / teuer / leer / groß / rot / alt / billig / blau / ist / sind / klein / neu

das Radio – die Uhr – die Kassetten
das Hemd – der Hut – die Schuhe
der Schal – die Bluse – die Handschuhe

Schreibe so:

Das Hemd gehört Paul. Sein Hemd ist blau.
Der Schal gehört Monika. Ihr Schal ist rot.

S. 103

Wo ist der Vogel?

Lernschritt 13
Hier lernst du sagen,
wo etwas ist

1. Anna läßt ihren Vogel fliegen.
Er fliegt im ganzen Zimmer herum.
Er sitzt mal hier, mal dort.
Da läutet das Telefon … Annas Freundin Rosa ruft an:

Sitzt er auf dem Schrank?

○ Hallo Anna!
○ Hallo Rosa!
○ Huch!
△ Was ist denn los?
○ Rate mal, wo mein Vogel gerade sitzt!

der Käfig

2. Rate du auch!

Wo?

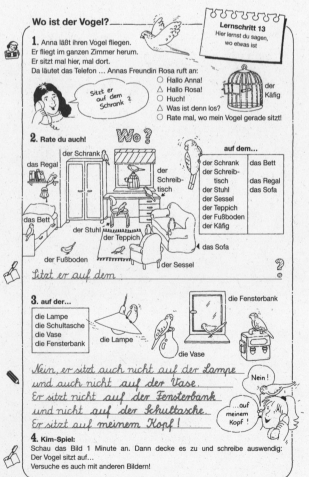

das Regal / der Schrank / der Schreibtisch / der Stuhl / der Teppich / der Fußboden / das Bett / das Sofa / der Sessel

auf dem…

der Schrank	das Bett
der Schreibtisch	das Regal
der Stuhl	das Sofa
der Sessel	
der Teppich	
der Fußboden	
der Käfig	

Sitzt er auf dem

3. auf der…

die Lampe
die Schultasche
die Vase
die Fensterbank

die Fensterbank / die Lampe / die Vase

Nein, er sitzt auch nicht auf der Lampe
und auch nicht auf der Vase.
Er sitzt nicht auf der Fensterbank
und nicht auf der Schultasche.
Er sitzt auf meinem Kopf!

Nein!

…auf meinem Kopf!

4. Kim-Spiel:
Schau das Bild 1 Minute an. Dann decke es zu und schreibe auswendig:
Der Vogel sitzt auf…
Versuche es auch mit anderen Bildern!

---

5. Mittwoch nachmittag
Höre das Gespräch zwischen Anna und ihrer Mutter!

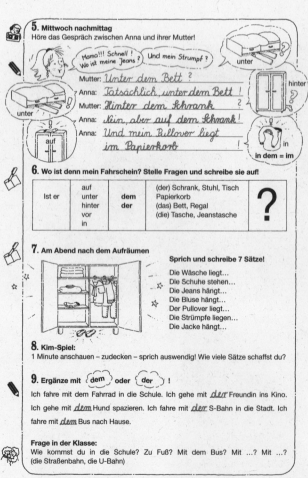

Mama!!! Schnell! Wo ist meine Jeans? Und mein Strumpf?

unter

Mutter: Unter dem Bett?
Anna: Tatsächlich, unter dem Bett!
Mutter: Hinter dem Schrank?
Anna: Nein, aber auf dem Schrank!
Anna: Und mein Pullover liegt im Papierkorb

unter / auf / hinter / in

in dem = im

6. Wo ist denn mein Fahrschein? Stelle Fragen und schreibe sie auf!

Ist er	auf unter hinter vor in	dem der	(der) Schrank, Stuhl, Tisch Papierkorb (das) Bett, Regal (die) Tasche, Jeanstasche	?

7. Am Abend nach dem Aufräumen

Sprich und schreibe 7 Sätze!

Die Wäsche liegt…
Die Schuhe stehen…
Die Jeans hängt…
Die Bluse hängt…
Der Pullover liegt…
Die Strümpfe liegen…
Die Jacke hängt…

8. Kim-Spiel:
1 Minute anschauen – zudecken – sprich auswendig! Wie viele Sätze schaffst du?

9. Ergänze mit dem **oder** der **!**

Ich fahre mit dem Fahrrad in die Schule. Ich gehe mit der Freundin ins Kino. Ich gehe mit dem Hund spazieren. Ich fahre mit der S-Bahn in die Stadt. Ich fahre mit dem Bus nach Hause.

Frage in der Klasse:
Wie kommst du in die Schule? Zu Fuß? Mit dem Bus? Mit …? Mit …?
(die Straßenbahn, die U-Bahn)

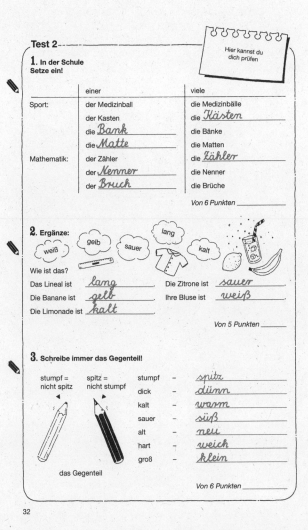

1. In der Schule
Setze ein!

	einer	viele
Sport:	der Medizinball	die Medizinbälle
	der Kasten	die *Kästen*
	die *Bank*	die Bänke
	die *Matte*	die Matten
Mathematik:	der Zähler	die *Zähler*
	der *Nenner*	die Nenner
	der *Bruch*	die Brüche

Von 6 Punkten _____

Hier kannst du dich prüfen

2. Ergänze:

weiß, gelb, lang, sauer, kalt

Wie ist das?

Das Lineal ist *lang*   Die Zitrone ist *sauer*

Die Banane ist *gelb*   Ihre Bluse ist *weiß*

Die Limonade ist *kalt*

Von 5 Punkten _____

3. Schreibe immer das Gegenteil!

stumpf = nicht spitz   spitz = nicht stumpf

stumpf	–	*spitz*
dick	–	*dünn*
kalt	–	*warm*
sauer	–	*süß*
alt	–	*neu*
hart	–	*weich*
groß	–	*klein*

das Gegenteil

Von 6 Punkten _____

---

4. Wo ist die Katze?

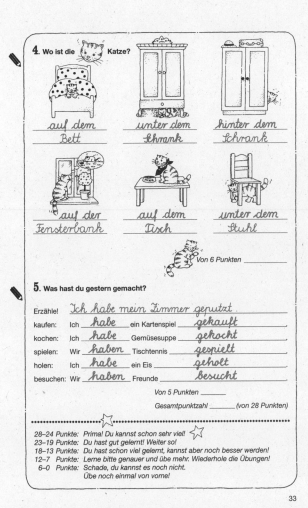

auf dem Bett   *unter dem* Schrank   *hinter dem* Schrank

auf der Fensterbank   *auf dem* Tisch   *unter dem* Stuhl

Von 6 Punkten _____

5. Was hast du gestern gemacht?

Erzähle! *Ich habe mein Zimmer geputzt.*

kaufen:	Ich	*habe*	ein Kartenspiel	*gekauft*
kochen:	Ich	*habe*	Gemüsesuppe	*gekocht*
spielen:	Wir	*haben*	Tischtennis	*gespielt*
holen:	Ich	*habe*	ein Eis	*geholt*
besuchen:	Wir	*haben*	Freunde	*besucht*

Von 5 Punkten _____

Gesamtpunktzahl _____ *(von 28 Punkten)*

28–24 Punkte: Prima! Du kannst schon sehr viel!
23–19 Punkte: Du hast gut gelernt! Weiter so!
18–13 Punkte: Du hast schon viel gelernt, kannst aber noch besser werden!
12–7 Punkte: Lerne bitte genauer und übe mehr. Wiederhole die Übungen!
6–0 Punkte: Schade, du kannst es noch nicht.
Übe noch einmal von vorne!

Komm doch mal her!

Lernschritt 14
Hier lernst du Anweisungen verstehen und geben

1.

tock, tock – bitte! – kommen – Danke!

öffnen – setzen – vorlesen – setzen

aufschlagen – zumachen – lesen – gehen

zuhören – nehmen – schließen – aufstehen – schreiben

2. Trage die passende Nummer ein!

* [11] **Öffne** bitte die Tür!
* [5] **Steh auf**, bitte!
* [3] **Schlagt** eure Hefte **auf**!
* [7] Kannst du das Fenster **schließen**? Es ist kalt.
* [2] **Nehmt** bitte eure Hefte!
* [6] **Komm** doch mal bitte!
* [12] **Lies** bitte!
* [1] **Setz** dich bitte!
* [14] Du kannst dich wieder **setzen**, danke!
* [4] **Hört** mal bitte genau **zu**!
* [9] So, jetzt **schreib** bitte.
* [8] Kannst du das **vorlesen**?
* [13] So, geschafft! **Macht** eure Hefte **zu**!
* [10] **Geh**' doch mal zur Tür, ja?

3. Was sagst du deinem Freund?
Schau die Bilder an!

Lies bitte!   *Schreib bitte!*

Setz dich bitte!   *Nimm bitte dein Heft!*

Spiel Theater! Stell dich vor einen Spiegel und mache das, was die Bilder oben zeigen!
Mit einem Freund oder einer Freundin geht es besser. Spielt Roboter! „Geh zur Tür!"
„Komm wieder her!" „Komm bitte zu mir." usw.

---

4. Machen wir doch etwas zusammen!

Hallo, Peter!

Hallo, Walter! Bist du schon fertig mit den Hausaufgaben?

Ja fast … in zehn Minuten. **Komm** doch zu mir und **bring** dein Fahrrad **mit**, ja?

Komm doch zum Sportplatz! **Bring** aber deine neue Kassette **mit** und **vergiß** den Fußball nicht!

Ja, mach ich. **Ruf** doch noch Udo **an**! Vielleicht kommt er mit!

Gut. Bis gleich!

5. Schreibe das Gespräch in der richtigen Reihenfolge auf!

6. Walter und Peter auf dem Sportplatz

7. Schreibe auf, was auf dem Sportplatz gesprochen wird!

Walter:	*Hör mal!*		
Walter:	*Warten wir auf Udo?*	Peter:	*Schau, da ist er!*
Walter:	*Schieß doch!*	Peter:	*Lauf schneller!*
Peter:	*2:1*	Walter:	*Spielen wir weiter!*
Udo:	*Machen wir Pause!*		
Peter:	*Trink mal!*	Walter:	*Danke!*
Udo:	*Gehen wir?*		

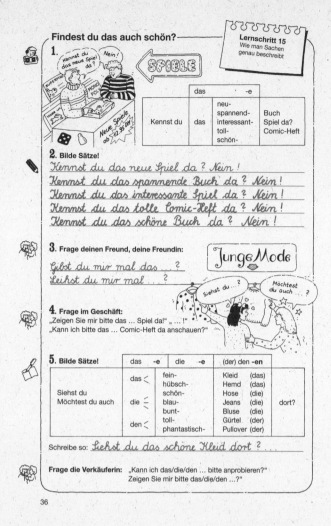

Findest du das auch schön?

Lernschritt 15 — Wie man Sachen genau beschreibt

1.

Kennst du das neue Spiel da? — Nein! — SPIELE — SUPERHAND — MONOPOLY

Neue Spiele ab 12,95 DM

	das		-e	
Kennst du	das		neu- spannend- interessant- toll- schön-	Buch Spiel da? Comic-Heft

2. Bilde Sätze!

Kennst du das neue Spiel da? Nein!
Kennst du das spannende Buch da? Nein!
Kennst du das interessante Spiel da? Nein!
Kennst du das tolle Comic-Heft da? Nein!
Kennst du das schöne Buch da? Nein!

3. Frage deinen Freund, deine Freundin:

Gibst du mir mal das …?
Leihst du mir mal …?

Junge Mode

4. Frage im Geschäft:

„Zeigen Sie mir bitte das … Spiel da!" „… !"
„Kann ich bitte das … Comic-Heft da anschauen?"

Siehst du …? Möchtest du auch …?

5. Bilde Sätze!

	das	-e	die	-e	(der) den	-en	
Siehst du Möchtest du auch	das < die < den <	fein- hübsch- schön- blau- bunt- toll- phantastisch-			Kleid (das) Hemd (das) Hose (die) Jeans (die) Bluse (die) Gürtel (der) Pullover (der)		dort?

Schreibe so: Siehst du das schöne Kleid dort?

Frage die Verkäuferin: „Kann ich das/die/den … bitte anprobieren?"
Zeigen Sie mir bitte das/die/den …?"

36

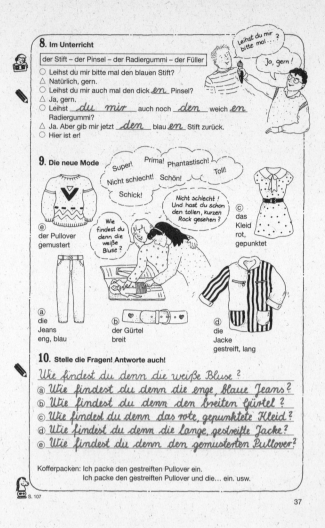

8. Im Unterricht

der Stift – der Pinsel – der Radiergummi – der Füller

○ Leihst du mir bitte mal den blauen Stift?
△ Natürlich, gern.
○ Leihst du mir auch mal den dick**en** Pinsel?
△ Ja, gern.
○ Leihst *du mir* auch noch *den* weich**en** Radiergummi?
△ Ja. Aber gib mir jetzt *den* blau**en** Stift zurück.
○ Hier ist er!

Leihst du mir bitte mal …? — Jo, gern!

9. Die neue Mode

Super! Prima! Phantastisch!
Nicht schlecht! Schön! Toll!
Schick!
Nicht schlecht! Und hast du schon den tollen, kurzen Rock gesehen?

Wie findest du denn die weiße Bluse?

ⓔ der Pullover gemustert
ⓒ das Kleid rot, gepunktet
ⓐ die Jeans eng, blau
ⓑ der Gürtel breit
ⓓ die Jacke gestreift, lang

10. Stelle die Fragen! Antworte auch!

Wie findest du denn die weiße Bluse?
ⓐ Wie findest du denn die enge, blaue Jeans?
ⓑ Wie findest du denn den breiten Gürtel?
ⓒ Wie findest du denn das rote, gepunktete Kleid?
ⓓ Wie findest du denn die lange, gestreifte Jacke?
ⓔ Wie findest du denn den gemusterten Pullover?

Kofferpacken: Ich packe den gestreiften Pullover ein.
Ich packe den gestreiften Pullover und die… ein. usw.

S. 107

37

Ja, ich komme gleich!

Lernschritt 16 — Mit Freunden zusammen kochen

1. Verabredung am Freitagnachmittag

Komm heute nachmittag zu mir zur Pizza-Party!

Wir machen **zuerst** eine Pizza und **später** essen wir sie!

Etwas **später**. **Zuerst** muß ich mein Fahrrad reparieren.

Nicht **gleich**!

Ja toll! Ich komme **sofort**!

Ja gern! Ich komme **gleich**. Gute Idee. Ich bring Limo mit!

Leider! Ich kann heute nicht! Schade!

2. Die Freunde kochen zusammen

Pizza Margharita — *Zutaten:* Mozzarella, Basilikum, Pfeffer, Salz, Pizza Tomaten

① Zuerst den Teig auf das Backblech!
② Jetzt die Tomaten auf den Teig!
③ Nun Käse, Basilikum, Salz und Pfeffer darüber!
④ Dann 20 Minuten in den Backofen (220°)
⑤ Sofort servieren!

Guten Appetit!

Was soll ich tun?
Ja, sicher!
Ja sofort!
Ja gleich!
Ja, gern!

Kannst du …

mir mal helfen?
die Tomaten schneiden?
den Käse schneiden?
den Tisch decken?

3. Schreibe die Fragen und Antworten!

4. Schreibe das Rezept auf! Zum Ausprobieren!

Super Pizza-Party! Schmeckt toll! — Hmm, riecht gut! — Schaut gut aus!

5. Die Freunde essen zusammen

Setze ein: zuerst/später
Abwaschen?

Das machen wir *später*.
Zuerst spielen wir Quartett.

38

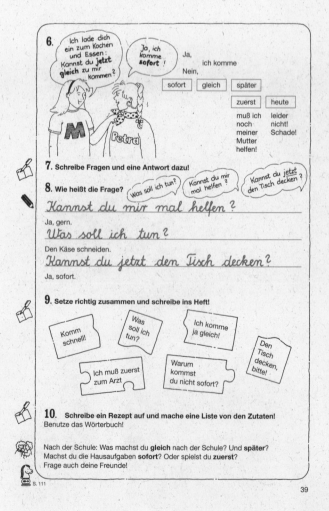

6.

Ich lade dich ein zum Kochen und Essen: Kannst du **jetzt gleich** zu mir kommen?

Ja, ich komme **sofort**!

Ja, ich komme
Nein,

sofort	gleich	später

zuerst	heute

muß ich	leider
noch	nicht!
meiner	Schade!
Mutter	
helfen!	

7. Schreibe Fragen und eine Antwort dazu!

8. Wie heißt die Frage?

Was soll ich tun? — Kannst du mir mal helfen? — Kannst du jetzt den Tisch decken?

Kannst du mir mal helfen?
Ja, gern.
Was soll ich tun?
Den Käse schneiden.
Kannst du jetzt den Tisch decken?
Ja, sofort.

9. Setze richtig zusammen und schreibe ins Heft!

Komm schnell!
Was soll ich tun?
Ich komme ja gleich!
Den Tisch decken, bitte!
Ich muß zuerst zum Arzt.
Warum kommst du nicht sofort?

10. Schreibe ein Rezept auf und mache eine Liste von den Zutaten!
Benutze das Wörterbuch!

Nach der Schule: Was machst du **gleich** nach der Schule? Und **später**?
Machst du die Hausaufgaben **sofort**? Oder spielst du **zuerst**?
Frage auch deine Freunde!

S. 111

39

86

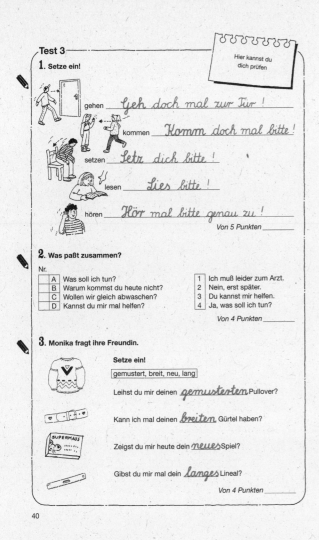

1. Setze ein!

Hier kannst du dich prüfen

gehen *Geh doch mal zur Tür!*

kommen *Komm doch mal bitte!*

setzen *Setz dich bitte!*

lesen *Lies bitte!*

hören *Hör mal bitte genau zu!*

Von 5 Punkten _____

2. Was paßt zusammen?

Nr.			
A	Was soll ich tun?	1	Ich muß leider zum Arzt.
B	Warum kommst du heute nicht?	2	Nein, erst später.
C	Wollen wir gleich abwaschen?	3	Du kannst mir helfen.
D	Kannst du mir mal helfen?	4	Ja, was soll ich tun?

Von 4 Punkten _____

3. Monika fragt ihre Freundin.

Setze ein!

gemustert, breit, neu, lang

Leihst du mir deinen *gemusterten* Pullover?

Kann ich mal deinen *breiten* Gürtel haben?

Zeigst du mir heute dein *neues* Spiel?

Gibst du mir mal dein *langes* Lineal?

Von 4 Punkten _____

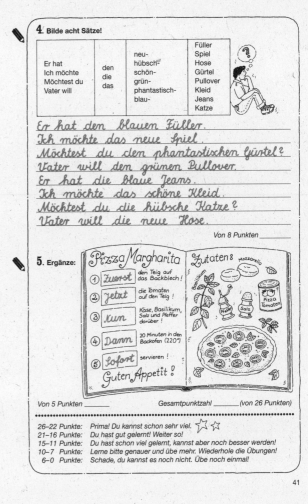

4. Bilde acht Sätze!

Er hat	den	neu-	Füller
Ich möchte	die	hübsch-	Spiel
Möchtest du	das	schön-	Hose
Vater will		grün-	Gürtel
		phantastisch-	Pullover
		blau-	Kleid
			Jeans
			Katze

Er hat den blauen Füller.
Ich möchte das neue Spiel.
Möchtest du den phantastischen Gürtel?
Vater will den grünen Pullover.
Er hat die blaue Jeans.
Ich möchte das schöne Kleid.
Möchtest du die hübsche Katze?
Vater will die neue Hose.

Von 8 Punkten _____

5. Ergänze:

Pizza Margharita — Zutaten: Mozzarella

① *Zuerst* den Teig auf das Backblech!

② *Jetzt* die Tomaten auf den Teig!

③ *Nun* Käse, Basilikum, Salz und Pfeffer darüber!

④ *Dann* 20 Minuten in den Backofen (220°)

⑤ *Sofort* servieren!

Guten Appetit!

Von 5 Punkten _____   Gesamtpunktzahl _____ (von 26 Punkten)

26–22 Punkte: Prima! Du kannst schon sehr viel. ☆☆
21–16 Punkte: Du hast gut gelernt! Weiter so!
15–11 Punkte: Du hast schon viel gelernt, kannst aber noch besser werden!
10–7 Punkte: Lerne bitte genauer und übe mehr. Wiederhole die Übungen!
6–0 Punkte: Schade, du kannst es noch nicht. Übe noch einmal!

Eine lustige Maschine

Lernschritt 17
So kannst du zusammengesetzte Wörter bilden

1.

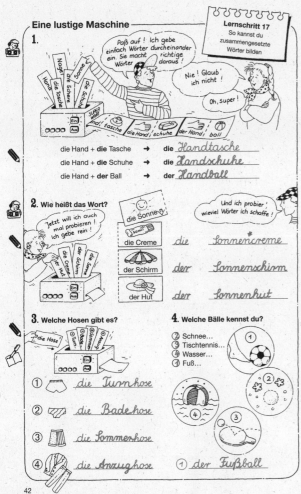

Paß auf! Ich gebe einfach Wörter ein. Sie macht richtige Wörter daraus!

Nie! Glaub ich nicht!

Oh, super!

die Hand + die Tasche → die *Handtasche*

die Hand + die Schuhe → die *Handschuhe*

die Hand + der Ball → der *Handball*

2. Wie heißt das Wort?

Jetzt will ich auch mal probieren! Ich gebe rein!

Und ich probier, wieviel Wörter ich schaffe!

die Sonne +

die Creme → die *Sonnencreme*

der Schirm → der *Sonnenschirm*

der Hut → der *Sonnenhut*

3. Welche Hosen gibt es?

die Hose

① *die Turnhose*

② *die Badehose*

③ *die Sommerhose*

④ *die Anzughose*

4. Welche Bälle kennst du?

ⓐ Schnee…
ⓑ Tischtennis…
ⓒ Wasser…
ⓓ Fuß…

① *der Fußball*

5. So viel zu tun!

Peter will nicht immer…   Herr Klein muß immer   Nora muß lange   Frau Klein will auch nicht so viel

spülen   waschen   rühren   bügeln

6. Peter schimpft. Er muß so viel helfen.

Schreibe so: *Ich will nicht immer …*

7. Davon träumen sie:

spülen → Spül… *Ich möchte so gern eine Spülmaschine!*

waschen → Wasch… *eine Waschmaschine*

rühren → Rühr… *eine Rührmaschine*

bügeln → Bügel… *eine Bügelmaschine*

8. Setze zusammen!

①	②	③	④	⑤	⑥	⑦	⑧	⑨
der	der	die	der	das	die	die	der	die
Regen	Mantel	Tasche	Spiegel	Ei	Uhr	Kette	Hund	Hütte

Schau die Bilder genau an! Bilde ein zusammengesetztes Wort – und schau in der Reihe weiter! Achte auf die Zahlen!

① + ② *der Regenmantel*   ⑤ + ⑥ *die Eiuhr*

② + ③ *die Manteltasche*   ⑥ + ⑦ *die Uhrkette*

③ + ④ *der Taschenspiegel*   ⑦ + ⑧ *der Kettenhund*

④ + ⑤ *das Spiegelei*   ⑧ + ⑨ *die Hundhütte*

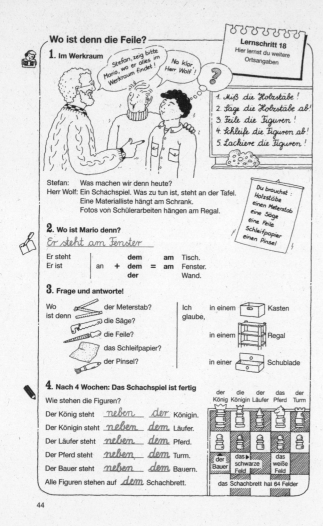

Wo ist denn die Feile?

Lernschritt 18
Hier lernst du weitere Ortsangaben

1. Im Werkraum

Stefan, zeig bitte Mario, wo er alles im Werkraum findet!

Na klar, Herr Wolf!

1. Miß die Holzstäbe!
2. Säge die Holzstäbe ab!
3. Feile die Figuren!
4. Schleife die Figuren ab!
5. Lackiere die Figuren!

Stefan: Was machen wir denn heute?
Herr Wolf: Ein Schachspiel. Was zu tun ist, steht an der Tafel.
Eine Materialliste hängt am Schrank.
Fotos von Schülerarbeiten hängen am Regal.

Du brauchst:
Holzstäbe
einen Meterstab
eine Säge
eine Feile
Schleifpapier
einen Pinsel

2. Wo ist Mario denn?

Er steht am Fenster

Er steht		dem	am Tisch.
Er ist	an + dem = am	Fenster.
	der	Wand.

3. Frage und antworte!

| Wo ist denn | der Meterstab? die Säge? die Feile? das Schleifpapier? der Pinsel? | Ich glaube, | in einem Kasten in einem Regal in einer Schublade |

4. Nach 4 Wochen: Das Schachspiel ist fertig

Wie stehen die Figuren?

der König · die Königin · der Läufer · das Pferd · der Turm

Der König steht *neben der* Königin.
Der Königin steht *neben dem* Läufer.
Der Läufer steht *neben dem* Pferd.
Der Pferd steht *neben dem* Turm.
Der Bauer steht *neben dem* Bauern.

Alle Figuren stehen auf *dem* Schachbrett.

der Bauer · das schwarze Feld · das weiße Feld

das Schachbrett hat 64 Felder

44

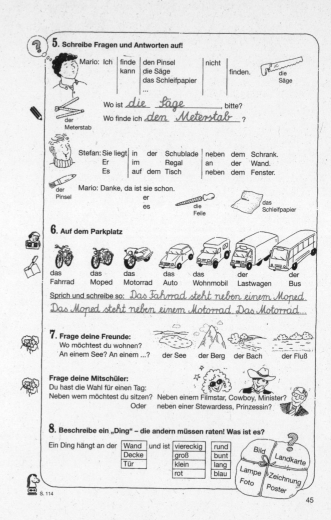

5. Schreibe Fragen und Antworten auf!

| Mario: Ich | finde kann | den Pinsel die Säge das Schleifpapier ... | nicht | finden. | die Säge |

Wo ist *die Säge*, bitte?
Wo finde ich *den Meterstab*?

der Meterstab

| Stefan: Sie liegt Er Es | in der im auf dem | Schublade Regal Tisch | neben dem an der neben dem | Schrank. Wand. Fenster. |

der Pinsel

Mario: Danke, da ist sie schon.
er
es

die Feile · das Schleifpapier

6. Auf dem Parkplatz

das Fahrrad · das Moped · das Motorrad · das Auto · das Wohnmobil · der Lastwagen · der Bus

Sprich und schreibe so: *Das Fahrrad steht neben einem Moped.*
Das Moped steht neben einem Motorrad. Das Motorrad...

7. Frage deine Freunde:
Wo möchtest du wohnen?
An einem See? An einem ...? der See · der Berg · der Bach · der Fluß

Frage deine Mitschüler:
Du hast die Wahl für einen Tag:
Neben wem möchtest du sitzen? Neben einem Filmstar, Cowboy, Minister?
Oder neben einer Stewardess, Prinzessin?

8. Beschreibe ein „Ding" – die andern müssen raten! Was ist es?

| Ein Ding hängt an der | Wand Decke Tür | und ist | viereckig groß klein rot | rund bunt lang blau |

Bild · Landkarte · Lampe · Zeichnung · Foto · Poster

S. 114

45

Bitte, wo ist die Schillerstraße?

Lernschritt 19
So kannst du den Weg beschreiben

1.

Übermorgen habe ich Geburtstag. Willst du zu meiner Party kommen?

Ich wohne in der Schillerstraße 84. Ich erklär' dir den Weg!

Oh ja, gerne! Danke! Ich weiß aber nicht genau, wo du wohnst.

Schillerstraße · Müllerstraße · Parkstraße · Lindenstraße

rechts
links
geradeaus

Du gehst von hier aus zuerst *geradeaus*, dann die zweite Straße *rechts*. Am Ende der Straße ist die Schillerstraße. Du mußt nach *links* gehen. Ich wohne Schillerstraße 84.

2. Was hat sie gesagt?
Überlege noch einmal! Schau den kleinen Plan an, und decke das Geschriebene zu!

Also, ich muß zuerst *geradeaus*, dann die *zweite* Straße *rechts*, das ist die Müllerstraße. Ich gehe *geradeaus* bis zur Schillerstraße. Hier muß ich nach *links* gehen. Ich gehe noch ein Stück *geradeaus*, dann ist *links* Nummer 84.

3. Zeichne den Weg ein!

Schillerstraße · Müllerstraße · Parkstraße · Lindenstraße · Bauernstraße

Peter: Hallo, Andi! Hier ist Peter.
Andi: Was ist los? Alle sind schon da.
Peter: Ich bin auf einmal in der Parkstraße. Ich habe mich verlaufen.
Andi: Macht nichts, das ist nicht weit.
Geh einfach weiter geradeaus und dann links. Du mußt dann nur die Müllerstraße überqueren.
Peter: Bis gleich, Andi!
Andi: Bis gleich, beeil dich!

46

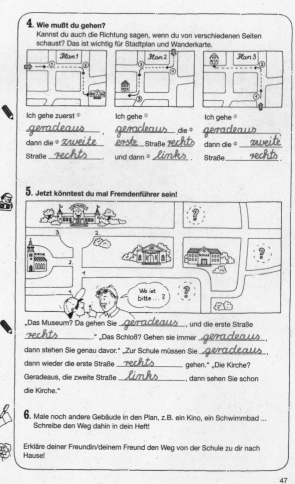

4. Wie mußt du gehen?
Kannst du auch die Richtung sagen, wenn du von verschiedenen Seiten schaust? Das ist wichtig für Stadtplan und Wanderkarte.

Plan 1 · Plan 2 · Plan 3

Ich gehe zuerst ①
geradeaus,
dann die ② *zweite*
Straße *rechts*.

Ich gehe ①
geradeaus, die ②
erste Straße *rechts*
und dann ③ *links*.

Ich gehe ①
geradeaus,
dann die ② *zweite*
Straße *rechts*.

5. Jetzt könntest du mal Fremdenführer sein!

KIRCHE · SCHULE

Wo ist bitte ...?

„Das Museum? Da gehen Sie *geradeaus*, und die erste Straße *rechts*." „Das Schloß? Gehen sie immer *geradeaus*, dann stehen Sie genau davor." „Zur Schule müssen Sie *geradeaus*, dann wieder die erste Straße *rechts* gehen." „Die Kirche? Geradeaus, die zweite Straße *links*, dann sehen Sie schon die Kirche."

6. Male noch andere Gebäude in den Plan, z.B. ein Kino, ein Schwimmbad ... Schreibe den Weg dahin in dein Heft!

Erkläre deiner Freundin/deinem Freund den Weg von der Schule zu dir nach Hause!

47

Gewinnen mit der Glücksspirale

Lernschritt 20
Hier lernst du große Zahlen kennen

1. Gewinne der Wochenziehung

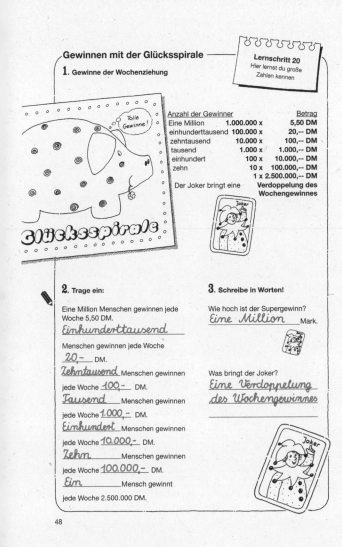

Anzahl der Gewinner		Betrag
Eine Million	1.000.000 x	5,50 DM
einhunderttausend	100.000 x	20,-- DM
zehntausend	10.000 x	100,-- DM
tausend	1.000 x	1.000,-- DM
einhundert	100 x	10.000,-- DM
zehn	10 x	100.000,-- DM
	1 x 2.500.000,-- DM	
Der Joker bringt eine		Verdoppelung des Wochengewinnes

2. Trage ein:

Eine Million Menschen gewinnen jede Woche 5,50 DM.

__Einhunderttausend__

Menschen gewinnen jede Woche __20,-__ DM.

__Zehntausend__ Menschen gewinnen jede Woche __100,-__ DM.

__Tausend__ Menschen gewinnen jede Woche __1.000,-__ DM.

__Einhundert__ Menschen gewinnen jede Woche __10.000,-__ DM.

__Zehn__ Menschen gewinnen jede Woche __100.000,-__ DM.

__Ein__ Mensch gewinnt jede Woche 2.500.000 DM.

3. Schreibe in Worten!

Wie hoch ist der Supergewinn?

__Eine Million__ Mark.

Was bringt der Joker?

__Eine Verdoppelung des Wochengewinnes__

48

---

4. So viel Geld!

Arbeiter aus Köln gewinnt im Lotto 2,5 Millionen Mark!

Bettler tot: Hunderttausend Mark im Bett!

Hausfrau gewinnt 1,2 Millionen !!!

Schüler gewinnt 9 Tausender bei Wettbewerb!

90-jährige hinterläßt drei Millionen für Tierheim!

Kind findet tausend Mark im Müll!

5. Trage die Beträge ein!

Arbeiter	2	5	0	0	0	0	0
Hausfrau	1	2	0	0	0	0	0
Schüler			9	0	0	0	
90jährige	3	0	0	0	0	0	0
Bettler	1	0	0	0	0	0	
Kind			1	0	0	0	

6. Lange gespart!

Sabine sammelt seit einem Jahr kleine Münzen. Vor den Ferien will sie sich noch eine Schwimmbrille kaufen. Sie zählt zuerst die Zehnpfennigstücke und die Fünfpfennigstücke. Dann kommen die Pfennige dran:

tausendeinundfünfzig, tausendzweiundfünfzig, tausenddreiundfünfzig, (1054) tausendvierundfünfzig,

(1055) tausendfünfundfünfzig,

(1056) tausendsechsundfünfzig,

(1057) tausendsiebenundfünfzig, tausendachtundfünfzig,

(1059) tausendneunundfünfzig,

tausendsechzig, tausendsiebzig.

7. Schreibe die nächsten Zahlen auf!

S. 119

49

Wo treffen wir uns heute?

Lernschritt 21
Sich verabreden

1. Kreuze an!

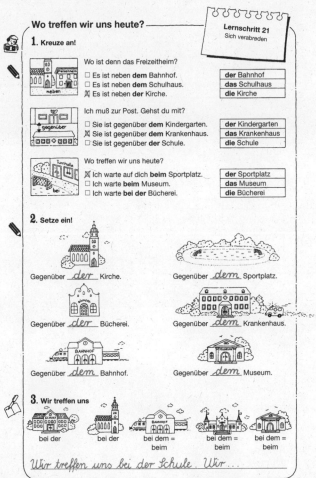

Wo ist denn das Freizeitheim?
- ☐ Es ist neben **dem** Bahnhof.
- ☐ Es ist neben **dem** Schulhaus.
- ☒ Es ist neben **der** Kirche.

| der Bahnhof |
| das Schulhaus |
| die Kirche |

Ich muß zur Post. Gehst du mit?
- ☐ Sie ist gegenüber **dem** Kindergarten.
- ☒ Sie ist gegenüber **dem** Krankenhaus.
- ☐ Sie ist gegenüber **der** Schule.

| der Kindergarten |
| das Krankenhaus |
| die Schule |

Wo treffen wir uns heute?
- ☒ Ich warte auf dich **beim** Sportplatz.
- ☐ Ich warte **beim** Museum.
- ☐ Ich warte **bei der** Bücherei.

| der Sportplatz |
| das Museum |
| die Bücherei |

2. Setze ein!

Gegenüber __der__ Kirche.

Gegenüber __dem__ Sportplatz.

Gegenüber __der__ Bücherei.

Gegenüber __dem__ Krankenhaus.

Gegenüber __dem__ Bahnhof.

Gegenüber __dem__ Museum.

3. Wir treffen uns

| bei der | bei der | bei dem = beim | bei dem = beim | bei dem = beim |

Wir treffen uns bei der Schule. Wir ...

50

---

4. Vater holt die Familie ab. Wo parkt er?

die Tiefgarage — _Er parkt das Auto in der Tiefgarage._

der Park — _Er parkt das Auto im Park._

der Baum — _Er parkt das Auto unter dem Baum._

das Café — _Er parkt das Auto neben dem Café._

das Restaurant — _Er parkt das Auto vor dem Restaurant._

5. Etwas vereinbaren

Peter: Treffen wir uns __bei__ mir zu Hause. Warte __vor__ dem Haus.

Thomas: Komm doch lieber gleich zur Sporthalle. Ich warte __neben__ dem Eingang. Ich stehe gleich __unter__ dem Sonnendach.

Peter: Oder warte lieber __in__ der Sporthalle. Heute regnet es so sehr.

S. 122

51

89

1. Bilde Wörter und schreibe sie auf!

Wasser- Schnee-
Hand- Fuß-
Tennis- Bade-
Sommer- Turn-

Wasserball   Tennishose
Schneeball   Badehose
Fußball   Turnhose
Handball   Sommerhose

Für jedes Wort gibt es einen halben Punkt.
Von 4 Punkten _____

2. Setze richtig zusammen!

(schreiben) (malen) (rechnen) (radieren) (bunt)

Bunt-stift, Schreib-heft, Mal-block,
Rechen-buch, Radier-gummi

Von 5 Punkten _____

3. Ergänze!

Der König steht neben _der_ Königin.
Der Läufer steht neben _dem_ Pferd.
Das Pferd steht neben _dem_ Turm.
Der Pkw fährt vor _dem_ Lastauto.
Der Kombi fährt hinter _dem_ Bus.
Das Motorrad fährt neben _dem_ Fahrrad.
Der Meterstab liegt in _der_ Schublade.   *Von 7 Punkten _____*

4. Hilf bei der Beschreibung! Setze das richtige Wort ein!

Du gehst von dir aus zuerst ⬆ _geradeaus_ und die erste
Straße ⬅ _links_ . Dann die zweite Straße ➡ _rechts_ und am Ende der
Straße ⬅ _links_ . Das ist die Hauptstraße. Ich wohne Nr. 84.

Von 4 Punkten _____

Hier kannst du dich prüfen

52

---

5. Schreibe die vier fehlenden Zahlen als Wörter auf!

100030 – ⬡ – 100028 – ⬡ – 100026 – 100025 – 100024 – ⬡
100022 – 100021 – ⬡ – ⬡ – 100018

hunderttausendneunundzwanzig
hunderttausendsiebenundzwanzig
hunderttausenddreiundzwanzig
hunderttausendzwanzig
hunderttausendneunzehn

Für jedes Wort gibt es einen Punkt.
Von 4 Punkten _____

6. Wo steht das Fahrrad?

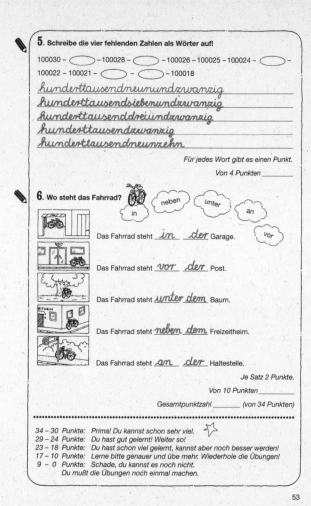

in   neben   unter   an   vor

Das Fahrrad steht _in_ _der_ Garage.

Das Fahrrad steht _vor_ _der_ Post.

Das Fahrrad steht _unter_ _dem_ Baum.

Das Fahrrad steht _neben_ _dem_ Freizeitheim.

Das Fahrrad steht _an_ _der_ Haltestelle.

Je Satz 2 Punkte.
Von 10 Punkten _____

Gesamtpunktzahl _____ (von 34 Punkten)

34 – 30 Punkte: Prima! Du kannst schon sehr viel. ⭐
29 – 24 Punkte: Du hast gut gelernt! Weiter so!
23 – 18 Punkte: Du hast schon viel gelernt, kannst aber noch besser werden!
17 – 10 Punkte: Lerne bitte genauer und übe mehr. Wiederhole die Übungen!
9 – 0 Punkte: Schade, du kannst es noch nicht.
              Du mußt die Übungen noch einmal machen.

53

Ärgerst du dich auch?

Lernschritt 22
Hier lernst du Freude und Ärger ausdrücken

1.

2.

Ich   ärger -e   mich _sehr_
Du   -st dich _schrecklich_
Er/Sie   -t   sich _furchtbar_

sehr
furchtbar
schrecklich
entsetzlich
fürchterlich

Ⓐ _Sabine hat verschlafen. Sie ärgert sich sehr._

In der Schule

Ich   freu -e   mich über
Du   -st dich
Er/Sie   -t   sich

① die nette Bemerkung
② die gute Note
③ das Lob
④ den Film

① Danke, du bist sehr hilfsbereit!
④ Wir schauen uns gleich einen Film an!
③ Du hast sehr sauber gearbeitet!
② Prima, eine 1!

3. Schreibe 12 Sätze!

Ich freue mich über die nette Bemerkung.
Freust du dich auch über die gute Note?
Sie freut sich über das Lob.

54

---

4. Wieso ärgerst du dich?

Wieso ärgerst du dich über die schlechte Note?

Wieso ärgerst du dich über die Hausaufgaben?
Die drei Seiten hast du doch schnell!
Wieso ärgerst du dich über die schlechte Note ? (die schlechte Note)

Du hast doch dafür eine Eins in Mathematik!
Wieso ärgerst du dich über das Verbot ? (das Verbot)

Heute nachmittag spielen wir doch sowieso auf dem Fußballplatz!

5. Marko ärgert sich. Schreibe so:
Er ärgert sich schrecklich über ...

Frage deine Klassenkameraden: „Ärgerst du dich auch über ...?"

6. Das Leben ist schön!

die Ferien
die Geburtstagsparty
das Kino
Ich freue mich auf ...
Ich freue mich über ...
für Sabine
... das tolle Geschenk
... das kalte Cola
... meine liebe Katze

Ich freue mich auf ...
(später)
... das Wochenende
... den Schulausflug

Ich freue mich über ...
(jetzt)
... den freien Nachmittag
... meine neue Hose

7. Schreibe auch so:
Sie freut sich auf ...
Sie freut sich über ...

55

90

Schön, daß du da bist!

Lernschritt 23
Hier lernst du Gefühle äußern

1. Ankunft am Bahnhof

Ich bin froh, daß du 3 Tage bleibst!

Ich freue mich, daß du da bist!

Ich freue mich auch, Peter!

Es ist nett, daß du mir etwas mitgebracht hast!

Es ist schön, daß ich jetzt hier bin!

2. Unterstreiche die Redeteile „Ankunft" rot, die Redeteile „Abschied" blau! Ordne und schreibe sie untereinander!

TELEGRAMM
Komme Freitag 17³⁰ Uhr Hbf. an!
Oma

Ich freue mich, **daß** du da **bist**!
Es tut mir leid, **daß** ich schon wieder nach Hause **muß**!
Wie schade, **daß** du schon wieder **fährst**!
Ich bin froh, **daß** du 3 Tage **bleibst**!
Es ist schön, **daß** ich jetzt hier **bin**!
Ich bin traurig, **daß** es schon vorbei **ist**!
Es ist nett, **daß** du mir etwas mitgebracht **hast**!

3 Tage später: Abschied am Bahnhof

Wie schade, daß du schon wieder fährst!

Ich bin traurig, daß dein Besuch vorbei ist!

Komm bald wieder!

Ja schade! Aber besuch du mich doch bald mal!

Es tut mir leid, daß ich schon wieder nach Hause muß!

3. Setze richtig zusammen, sprich und schreibe auf!

Es tut mir leid,
Schön,
Ich bin froh,
Wie schade,
Ich bin traurig,

daß

du 3 Tage **bleibst**!
du schon wieder **fährst**!
dein Besuch vorbei **ist**!
du mir etwas mitgebracht **hast**!
du da **bist**.

Spiel „Kofferpacken"
Ich freue mich, daß die Sonne scheint.
X freut sich, daß die Sonne scheint und ich freue mich, daß heute Freitag ist.
X freut sich, daß die Sonne scheint, Y freut sich, daß heute Freitag ist und ich …

56

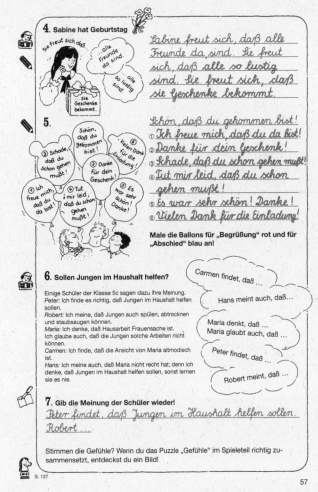

4. Sabine hat Geburtstag

sie freut sich daß
alle Freunde da sind
alle so lustig sind
Sie Geschenke bekommt.

Sabine freut sich, daß alle Freunde da sind. Sie freut sich, daß alle so lustig sind. Sie freut sich, daß sie Geschenke bekommt.

5.

③ Schade, daß du schon gehen mußt!

⑥ Schön, daß du gekommen bist!

② Danke für dein Geschenk!

⑤ Vielen Dank für die Einladung!

⑦ Ich freue mich, daß du da bist!

④ Tut mir leid, daß du schon gehen mußt!

⑤ Es war sehr schön! Danke!

Schön, daß du gekommen bist!
① Ich freue mich, daß du da bist!
② Danke für dein Geschenk!
③ Schade, daß du schon gehen mußt!
④ Tut mir leid, daß du schon gehen mußt!
⑤ Es war sehr schön! Danke!
⑥ Vielen Dank für die Einladung!

Male die Ballons für „Begrüßung" rot und für „Abschied" blau an!

6. Sollen Jungen im Haushalt helfen?

Einige Schüler der Klasse 5c sagen dazu ihre Meinung.
Peter: Ich finde es richtig, daß die Jungen im Haushalt helfen sollen.
Robert: Ich meine, daß Jungen auch spülen, abtrocknen und staubsaugen können.
Maria: Ich denke, daß Hausarbeit Frauensache ist.
Ich glaube auch, daß die Jungen solche Arbeiten nicht können.
Carmen: Ich finde, daß die Ansicht von Maria altmodisch ist.
Hans: Ich meine auch, daß Maria nicht recht hat; denn ich denke, daß Jungen im Haushalt helfen sollen, sonst lernen sie es nie.

Carmen findet, daß …

Hans meint auch, daß …

Maria denkt, daß …
Maria glaubt auch, daß …

Peter findet, daß …

Robert meint, daß …

7. Gib die Meinung der Schüler wieder!

Peter findet, daß Jungen im Haushalt helfen sollen.
Robert …

Stimmen die Gefühle? Wenn du das Puzzle „Gefühle" im Spielteil richtig zusammensetzt, entdeckst du ein Bild!

S. 127

57

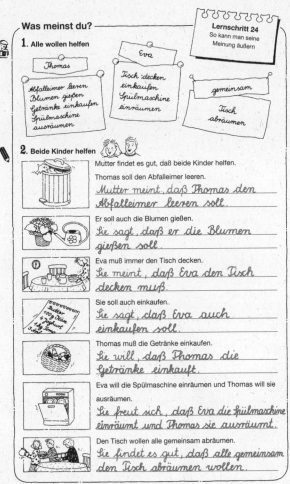

Was meinst du?

Lernschritt 24
So kann man seine Meinung äußern

1. Alle wollen helfen

Thomas
Abfalleimer leeren
Blumen gießen
Getränke einkaufen
Spülmaschine ausräumen

Eva
Tisch decken
einkaufen
Spülmaschine einräumen

gemeinsam
Tisch abräumen

2. Beide Kinder helfen

Mutter findet es gut, daß beide Kinder helfen.

Thomas soll den Abfalleimer leeren.
Mutter meint, daß Thomas den Abfalleimer leeren soll.

Er soll auch die Blumen gießen.
Sie sagt, daß er die Blumen gießen soll.

Eva muß immer den Tisch decken.
Sie meint, daß Eva den Tisch decken muß.

Sie soll auch einkaufen.
Sie sagt, daß Eva auch einkaufen soll.

Thomas muß die Getränke einkaufen.
Sie will, daß Thomas die Getränke einkauft.

Eva will die Spülmaschine einräumen und Thomas will sie ausräumen.
Sie freut sich, daß Eva die Spülmaschine einräumt und Thomas sie ausräumt.

Den Tisch wollen alle gemeinsam abräumen.
Sie findet es gut, daß alle gemeinsam den Tisch abräumen wollen.

58

3. Über Fernsehsendungen sprechen

1 Kindersendung
2 Sportsendung
3 Nachrichten
4 Musiksendung
5 Sendung über Tiere
6 Sendung über Wissenschaft und Forschung
7 Spielfilm
8 Werbesendung
9 Wildwestfilm

… daß interessant sind.
… daß spannend sind.
… daß langweilig sind.
… daß blöd sind.
… daß lustig sind.
… daß doof sind.

Welche Sendungen laufen hier gerade? Schreibe die Bezeichnungen unter die Bilder!

③ *Nachrichten*   ⑦ *Spielfilm*   ② *Sportsendung*

① *Kindersendung*   ⑤ *Sendung über Tiere*   ⑧ *Werbesendung*

④ *Musiksendung*   ⑨ *Wildwestfilm*   ⑥ *Sendung über Wissenschaft und Forschung*

4. Befrage deine Mitschüler zu den Sendungen!
Schreibe ihre Meinungen auf! Benutze dabei die Sprechblasen oben!

Peter findet, daß …

5. Schreibe deine eigene Meinung zu den Sendungen auf!

Ich finde, daß …
Ich meine, daß …

59

91

Das ist aber schade!

1.

2.

Das tut mir *leid*   Das ist aber *schade*

Du tust mir *leid*   Das finde ich *schade*

Leider ...   Schade, daß ...

3. Versuche, die richtigen Wörter einzusetzen!

Ich sage: Jemand antwortet/sagt:

„Ich bin krank."   „Das tut mir aber *leid*."

„Ich kann nicht zu
deiner Party kommen."   „Oh, wie *schade*!"

„Es tut mir *leid*   „*Leider* haben wir
ich habe den Arzttermin   erst nächste Woche einen neuen
vergessen."   Termin."

4. Was kannst du sagen, wenn so etwas passiert?

Du hast die falsche Telefon-   Es tut mir *mir leid*
nummer gewählt.   ich habe mich verwählt.

Deine Freundin fragt   Ach, das ist *schade*
dich: Hast du um 15⁰⁰ Uhr   ich muß um 15³⁰ Uhr meine
Zeit?   Schwester abholen.

60

5. So ein Tag!

6. Schreibe die richtigen Wörter in die Sprechblasen!

Leider ...   Leider ...   leid ...   leid ...

7. Setze ein!

Schade, der andere Film **läuft** nicht mehr.

Schade, **daß** der andere Film nicht mehr **läuft**.

Tut mir leid. Ich **habe** die falsche Klingel **gedrückt**.

Tut mir leid, **daß** *ich auf die falsche Klingel gedrückt habe.*

Tut mir leid. Ich **habe** Sie nicht gesehen.

Tut mir leid, daß ich Sie nicht gesehen habe.

Schade, der Pullover **ist** zu groß.

Schade, daß der Pullover zu groß ist.

Schade, der Fußball **ist** zu teuer.

Schade, daß der Fußball zu teuer ist.

8. Du kannst diese Sätze mit „daß" auch schreiben, wenn du dich freust, z. B.:
Schön, daß du heute kommst. Schön, ...
Ich freue mich, daß wir zusammen fahren. Ich freue mich, ...

61

Du brauchst einen neuen Füller

1.

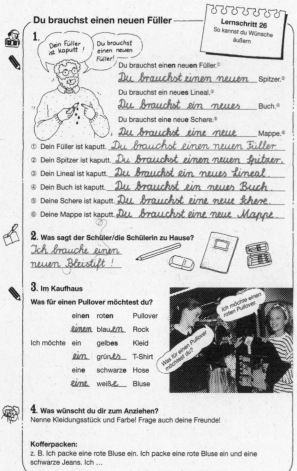

Du brauchst einen neuen Füller.①

Du brauchst einen neuen Spitzer.②

Du brauchst ein neues Lineal.③

Du brauchst ein neues Buch.④

Du brauchst eine neue Schere.⑤

Du brauchst eine neue Mappe.⑥

① Dein Füller ist kaputt. *Du brauchst einen neuen Füller.*

② Dein Spitzer ist kaputt. *Du brauchst einen neuen Spitzer.*

③ Dein Lineal ist kaputt. *Du brauchst ein neues Lineal.*

④ Dein Buch ist kaputt. *Du brauchst ein neues Buch.*

⑤ Deine Schere ist kaputt. *Du brauchst eine neue Schere.*

⑥ Deine Mappe ist kaputt. *Du brauchst eine neue Mappe.*

2. Was sagt der Schüler/die Schülerin zu Hause?

Ich brauche einen neuen Bleistift!

3. Im Kaufhaus

Was für einen Pullover möchtest du?

	einen	roten	Pullover
	eine**n**	blau**en**	Rock
Ich möchte	ein	gelbes	Kleid
	ein	grün**es**	T-Shirt
	eine	schwarze	Hose
	eine	weiß**e**	Bluse

4. Was wünscht du dir zum Anziehen?
Nenne Kleidungsstück und Farbe! Frage auch deine Freunde!

Kofferpacken:
z. B. Ich packe eine rote Bluse ein. Ich packe eine rote Bluse ein und eine schwarze Jeans. Ich ...

62

5. Vater und Sohn auf dem Markt

Setze ein: süß, reif, scharf, mild, weich, neu, grün

Weintrauben   ... ein Kilo süße Weintrauben!

Äpfel   ... ein *Kilo grüne Äpfel!*

Kartoffeln   ... drei *Kilo neue Kartoffeln!*

Paprika   ... ein *Kilo scharfe Paprika!*

Zwiebeln   ... zwei *Kilo milde Zwiebeln!*

Birnen   ... ein halbes Kilo *weiche Birnen!*

Bananen   ... ein halbes *Kilo reife Bananen!*

6. Im Schreibwarenladen

der Bleistift – hart/weich:

Lisa: Ich möchte einen Bleistift.

Verkäufer: Einen harten oder einen weichen?

Lisa: Einen harten, bitte!

das Lineal – kurz/lang:

Peter: *Ich möchte ein Lineal.*

Verkäufer: *Ein langes oder ein kurzes?*

Peter: *Ein langes, bitte!*

das Heft – groß/klein:

Andrea: *Ich möchte ein Heft.*

Verkäufer: *Ein großes oder ein kleines?*

Andrea: *Ein kleines, bitte!*

der Füller – billig/teuer:

Klaus: *Ich möchte einen Füller.*

Verkäuferin: *Einen teueren oder einen billigen?*

Klaus: *Einen teueren, bitte!*

7. Schreibe eine Liste mit Obst und Gemüse! Benutze das Wörterbuch!

Quartett mit „Obst und Gemüse" im Spielteil: Alle 4 Karten ablegen darf der, der richtig fragen kann, z.B.: Ich möchte eine saure Zitrone, ...

S. 128

63

Wer wird Klassensprecher?

1.

Robert

Maria

Mirko

Bald ist Klassensprecherwahl. Peter und Anne unterhalten sich
darüber, wen sie wählen wollen.

Peter: Ich wähle natürlich Robert. Erstens, weil er mein Freund
ist, und zweitens, weil ich nur einen Jungen wähle.

Anne: Ich wähle Maria, weil sie zu allen freundlich ist. Maria ist
als Klassensprecherin gut, weil sie an alle Schüler denkt
und weil sie ihre Meinung sagen kann.

Peter: Du hast recht, das kann sie. Aber dann schlage ich
Mirko vor, weil er ein guter Schüler ist und weil er sich
mit dem Lehrer gut versteht.

Anne: Maria gefällt mir, weil sie nie streitet und weil sie
versucht, den anderen zu helfen.

Peter: Na, wir werden ja sehen. Ich bin jedenfalls für Mirko,
weil ich neben ihm sitze.

Warum möchte Anne Maria wählen?

Anne wählt Maria, weil sie zu _allen freundlich ist_ .

Sie möchte Maria wählen, weil sie _an alle Schüler_

denkt und _ihre Meinung sagen kann_ .

Maria gefällt ihr, weil _sie nie streitet und weil sie_

versucht, den anderen zu helfen. .

Peter sagt: Ich wähle Mirko, _weil er ein guter Schüler_
ist, weil er sich mit dem Lehrer gut versteht
und weil ich neben ihm sitze.

64

---

2. Wer gibt hier an?

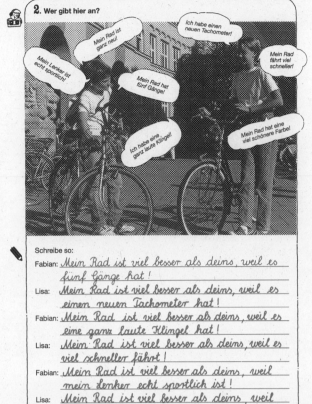

Schreibe so:

Fabian: *Mein Rad ist viel besser als deins, weil es*
fünf Gänge hat!

Lisa: *Mein Rad ist viel besser als deins, weil es*
einen neuen Tachometer hat!

Fabian: *Mein Rad ist viel besser als deins, weil es*
eine ganz laute Klingel hat!

Lisa: *Mein Rad ist viel besser als deins, weil es*
viel schneller fährt!

Fabian: *Mein Rad ist viel besser als deins, weil*
mein Lenker echt sportlich ist!

Lisa: *Mein Rad ist viel besser als deins, weil*
es eine viel schönere Farbe hat!

Fabian: *Mein Rad ist viel besser als deins, weil*
es ganz neu ist!

65

Test 5

1. Setze die passende Form ein!

Ich ärgere _mich_ über den Brief.

Ärgerst du _dich_ über die schlechte Note?

Tom ärgert _sich_ über das Verbot.

Ich freue _mich_ auf das Wochenende.

Freust du _dich_ über das tolle Geschenk?

Anna ärgert _sich_ über die Hausaufgabe.

mich

dich

sich

Von 6 Punkten _____

2. Ordne die Satzteile richtig zu!

1	B	Es tut mir leid, daß …	A … du drei Tage bleibst!
2	A	Schön, daß …	B … du schon wieder fährst!
3	E	Ich bin froh, daß …	C … dein Besuch vorbei ist!
4	F	Wie schade, daß …	D … du mir etwas mit-gebracht hast!
5	G	Ich bin traurig, daß …	E … du da bist!
6	D	Es ist nett, daß …	F … du schon gehen mußt!
7	C	Schade, daß …	G … du nicht zu meinem Geburtstag kommst!

Von 6 Punkten _____

3. Verbinde mit „daß" und schreibe die Sätze auf!

Schade, daß der andere Film nicht mehr läuft!
Schade! Der andere Film läuft nicht mehr.

Tut mir leid, daß ich die falsche Klingel gedrückt habe!
Tut mir leid! Ich habe die falsche Klingel gedrückt!

Tut mir leid, daß ich Sie nicht gesehen habe.
Tut mir leid! Ich habe Sie nicht gesehen.

Schade, daß der blaue Pullover zu groß ist!
Schade! Der blaue Pullover ist zu groß.

Für jeden richtigen Satz gibt es 2 Punkte.

Von 8 Punkten _____

66

---

4. Ergänze!

Rosa braucht ein_em_ neu_em_ Füller.

Maria braucht ein_em_ neu_em_ Spitzer.

Gabi braucht ein_____ neu_es_ Buch.

Tom braucht ein_e_ neu_e_ Schere.

Rosa möchte ein_em_ rot_em_ Pullover.

Maria möchte ein_____ gelb_es_ Kleid.

Adnan möchte ein_e_ schwarz_e_ Jacke.

Stefan möchte ein_____ bunt_es_ Hemd.

Von 8 Punkten: _____

5. Bilde vier Sätze! Verbinde mit „weil"!

Ich wähle ihn, …

Er ist freundlich.

Er gefällt mir, …

Er ist nett.

Maria wählt ihn auch, …

Er sagt seine Meinung.

Ich schlage ihn vor, …

Er ist mein Freund.

Er gefällt mir, weil er seine Meinung
sagt.

Ich schlage ihn vor, weil er mein
Freund ist.

Ich wähle ihn, weil er nett ist.

Maria wählt ihn auch, weil er freundlich
ist.

Von 8 Punkten _____

Gesamtpunktzahl _____ *(von 36 Punkten)*

32 – 36 Punkte: Prima! Du kannst schon sehr viel.
25 – 31 Punkte: Du hast gut gelernt! Weiter so!
17 – 24 Punkte: Du hast schon viel gelernt, könntest dich aber noch verbessern!
8 – 16 Punkte: Lerne bitte genauer und übe mehr. Du solltest
Übungen wiederholen.
0 – 7 Punkte: Schade, du kannst es noch nicht. Übe alles noch einmal!

67

93

Neu an der Schule

1. Kennst du den neuen Schüler?

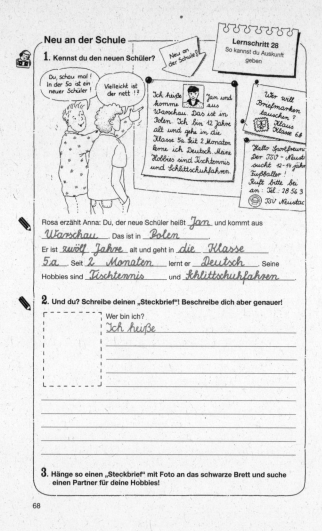

Rosa erzählt Anna: Du, der neue Schüler heißt _Jan_ und kommt aus
Warschau. Das ist in _Polen_.
Er ist _zwölf Jahre_ alt und geht in _die Klasse_
_5a_. Seit _2 Monaten_ lernt er _Deutsch_. Seine
Hobbies sind _Tischtennis_ und _Schlittschuhfahren_.

2. Und du? Schreibe deinen „Steckbrief"! Beschreibe dich aber genauer!

Wer bin ich?
Ich heiße _____

3. Hänge so einen „Steckbrief" mit Foto an das schwarze Brett und suche einen Partner für deine Hobbies!

---

4. Die „Stadtpiraten"

Stefan und Rosa sind Reporter der
Jugendzeitung „Stadtpiraten" der
Stadtbücherei. Sie fragen Jan:
○ Hast du Lust, morgen in die
Stadtbücherei zu kommen?
△ Wir machen dort eine Jugendzeitung
„Die Stadtpiraten".
Gibst du uns ein Interview?
□ Ja, gern.

5. Ein Interview

Sie stellen Jan in der Redaktion vor.
„Also, wir wissen schon:
Du _heißt_ Jan und _kommst_ aus Warschau. Das _ist_ in
Polen. Du _bist_ 12 Jahre alt und _gehst_ in die Klasse 5a der
Pestalozzi-Schule. Du _lernst_ seit 2 Monaten Deutsch. Deine Hobbies
sind Tischtennis und Schlittschuhfahren."

Aber jetzt haben wir noch ein paar Fragen:

Wann hast du Geburtstag? _Am ersten Juli._
Wie viele Geschwister hast du? _Drei._
Wie groß bist du? _Hundertfünfundsiebzig_ cm.
Was ißt du gern? _Eis und Hamburger._
Wie lange bist du in Deutschland? _Seit Mai._

Danke für das Interview!

Quiz:
Stelle mit Klassenkameraden
viele Leerkarten her!
Überziehe sie mit Plastikfolie!
Fülle für jeden Mitspieler eine
Karte aus! Dazu stelle die
Fragen von oben!
Dann fragt in der Spielrunde:
Wer ist das?

Steckbrief
Wer ist das?
Wer ist _____ groß?
Wer hat _____ Geschwister?
Wer ißt gerne _____?
Wer ist seit _____ in Deutschland?
Wer hat am _____ Geburtstag?

Unsere Familie

1. Wer ist denn das?

Das ist ① _unser Vater_ und das ist ② _unsere Mutter_.
Rechts ist Thomas, ③ _unser Bruder_, links, das ist
④ _unsere Schwester_. In der Mitte sind wir.

2. Und hier? Wer ist das?

① _Unsere Mutter_ kennen Sie ja schon. Oben in der Mitte sind
② _unsere Großmutter_ und ③ _unser Großvater_.
Rechts daneben sind ④ _unser Onkel_ und ⑤ _unsere_
Tante.

---

3. Bei uns zu Hause

Maria spricht mit Michael über ihre neue Wohnung. Sie malt eine Skizze und
erklärt dazu: „Das ist…"

① _Das ist unser Bad._
② _Das ist unser Abstellraum._
③ _Das ist unser Kinderzimmer._
④ _Das ist unser Treppenhaus._
⑤ _Das ist unsere Küche._
⑥ _Das ist unser Schlafzimmer._
⑦ _Das ist unser Wohnzimmer._
⑧ _Das ist unser Balkon._
⑨ _Das ist unser Flur._

4. Beschreibe die Räume genauer!

Verwende: klein, schön, groß, hell, dunkel, ruhig, winzig, modern, sonnig

Schreibe so:
Unser Abstellraum ist winzig.

Lernschritt 30
Mit Freunden sprechen

1.

① Sie haben eine schöne Wohnung! Ja, aber …

② Wo ist denn das Baby? ③ Was ist denn auf den hübschen Fotos?

① Ja, aber _unsere_ Wohnung ist ein bißchen laut.

② _Unser_ Baby schläft noch.

③ Das ist _unsere_ Heimat-stadt. _Unsere_ Oma und _unser_ Opa wohnen da.

die Oma _unsere Oma_   **der Opa** _unser Opa_

die Heimat _unsere Heimat_

die Wohnung _unsere Wohnung_   **die Familie** _unsere Familie_   **die Katzen (Plural)** _unsere Katzen_

das Baby _unser Baby_   **das Auto** _unser Auto_

○ Sind die Katzen böse?
△ Nein, _unsere Katzen_ sind ganz lieb.
○ Spielen wir?
△ Ja, _unsere Spielsachen_ sind im Schrank.

Kette.
Einer ruft ein Substantiv (mit oder ohne Artikel), der nächste wiederholt das Wort mit „unser/e" und nennt ein neues Substantiv: z.B. (der) Fernseher – unser Fernseher/(das) Haus – …
Variante: Einen Satz ergänzen – Unser Fernseher ist kaputt.

72

Die Kinder decken den Tisch.

Tisch, Teller, Tasse, Löffel, Tischdecke

Claudia legt eine schöne Tischdecke auf und stellt die Tassen und die Teller hin.
Peter bringt die Kaffeelöffel und die Kuchengabeln.
„Vergiß nicht das Messer für den Kuchen!" ruft Mutter.
Sie hat einen köstlichen Apfelkuchen gebacken. Dazu gibt es Kaffee für die Erwachsenen und Kakao für die Kinder.
„Milch und Zucker fehlen noch", sagt Mutter.
Claudia gießt die Milch in ein Kännchen.
Peter schneidet noch eine Scheibe Brot ab für Vater.
Er möchte lieber Brot mit Käse essen.
Vater füllt Kaffee und Wasser in die Kaffeemaschine und schaltet sie ein.
Schon klingelt der Besuch.

Kaffeemaschine

2. Was gehört zusammen?

A	eine Scheibe Brot	B 1	decken
B	den Tisch	D 2	einschalten
C	die Teller	F 3	bringen
D	die Kaffeemaschine	G 4	gießen
E	die Tischdecke	A 5	abschneiden
F	die Löffel	E 6	auflegen
G	die Milch	H 7	backen
H	der Kuchen	C 8	hinstellen

3. Der Besuch kommt. Alle erzählen, wie sie geholfen haben.
Die Kinder: „Wir haben den Tisch gedeckt."
Claudia: …

4. Stelle eine Liste der Gegenstände aus dem Haushalt zusammen!
Benutze das Wörterbuch!

73

Test 6

Hier kannst du dich prüfen

1. Du kannst jetzt selbst ein Interview machen

Stelle fünf Fragen.

Wie	lange	Geschwister	ißt	du	in Deutschland?
	viele		hast		Geburtstag?
Was	groß		bist		gern?
Wann					?

Wie viele Geschwister hast du ?
Wie lange bist du in Deutschland ?
Was ißt du gern ?
Wann hast du Geburtstag ?
Wie groß bist du ?

Für jeden richtigen Satz gibt es einen Punkt.
Von 5 Punkten _____

2. Was haben sie gestern gemacht?

① _Er hat seine neue Jacke angezogen_
② _Sie hat einen Film angeschaut_
③ _Er hat eingekauft_
④ _Er hat ein Buch gelesen_
⑤ _Sie hat einen Kuchen gebacken_

Für jeden richtigen Satz gibt es einen Punkt.
Von 5 Punkten _____

74

---

3. Ich schreibe Maria

Benutze die Wörter und erzähle aus den Ferien!
Bilde Sätze!

laufen, rennen, sein, Ich, fahren, klettern, gehen

Ich bin gestern am Bodensee gewesen.
Ich _bin_ gestern mit dem Boot _gefahren_
Wir _sind_ gestern in die Eisdiele _gegangen_
Wir _sind_ gestern zum Schloß _gelaufen_
Ich _bin_ gestern auf einen Baum _geklettert_
Wir _sind_ gestern durch den Park _gerannt_

Für jeden richtigen Satz gibt es einen Punkt.
Von 5 Punkten _____

4. Wie heißen die Räume?

① _das Bad_   ② _der Abstellraum_
③ _das Kinderzimmer_   ④ _das Wohnzimmer_
⑤ _die Küche_   ⑥ _das Schlafzimmer_

Von 6 Punkten _____

Gesamtpunktzahl _____ (von 21 Punkten)

....

21–18 Punkte: Prima! Du kannst schon sehr viel. ☆ ☆
17–14 Punkte: Du hast gut gelernt! Weiter so!
13–10 Punkte: Du hast schon viel gelernt, könntest dich aber noch verbessern!
9–6 Punkte: Lerne bitte genauer und übe mehr. Du solltest Übungen wiederholen!
5–0 Punkte: Schade, du kannst es noch nicht. Übe alles noch einmal!

75

95

Spiele und Materialien zum selbständigen Lernen

Mit den Materialien können die Schüler in selbständiger Arbeit ihre Sprachkenntnisse spielerisch sichern. Besonders sinnvoll ist der Einsatz der Lernspiele in Partner- und Gruppenarbeit, weil dies eine authentische Kommunikation ermöglicht. Die Regeln sind beliebig modifizierbar und können den Schülern am besten durch Vormachen erläutert werden. Die Spiele sollen anregen, viele weitere zu erfinden und herzustellen. So können mit dem erweiterten Wortschatz zu jeder Lektion Spiele hergestellt werden, wie sie als Beispiel in der Sammlung enthalten sind, z.B.:

Satzkreisel	Quiz
Brettspiel	Puzzle
Domino	Bingo
Kartenspiel	Quartett

Überblick über die angebotenen Lernspiele

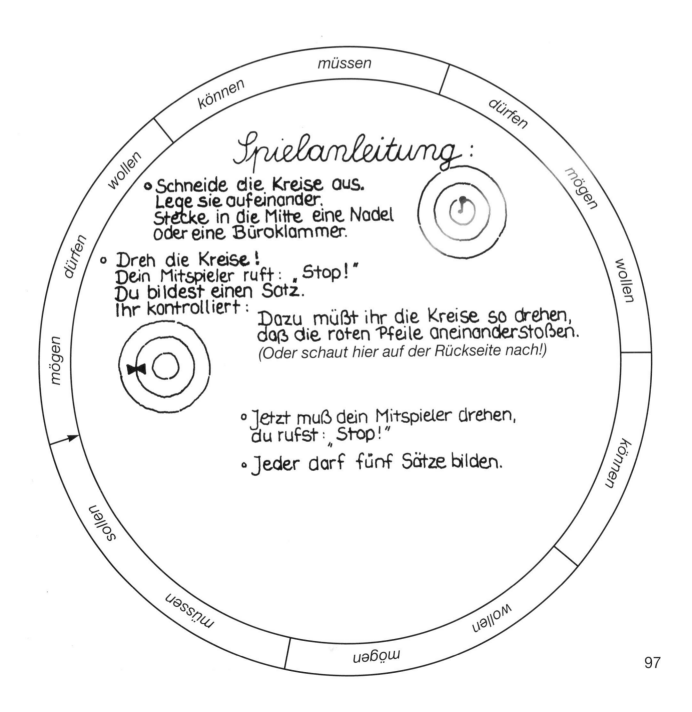

Spielanleitung:

- Schneide die Kreise aus.
  Lege sie aufeinander.
  Stecke in die Mitte eine Nadel
  oder eine Büroklammer.

- Dreh die Kreise!
  Dein Mitspieler ruft: „Stop!"
  Du bildest einen Satz.
  Ihr kontrolliert:
  Dazu müßt ihr die Kreise so drehen,
  daß die roten Pfeile aneinanderstoßen.
  (Oder schaut hier auf der Rückseite nach!)

- Jetzt muß dein Mitspieler drehen,
  du rufst: „Stop!"

- Jeder darf fünf Sätze bilden.

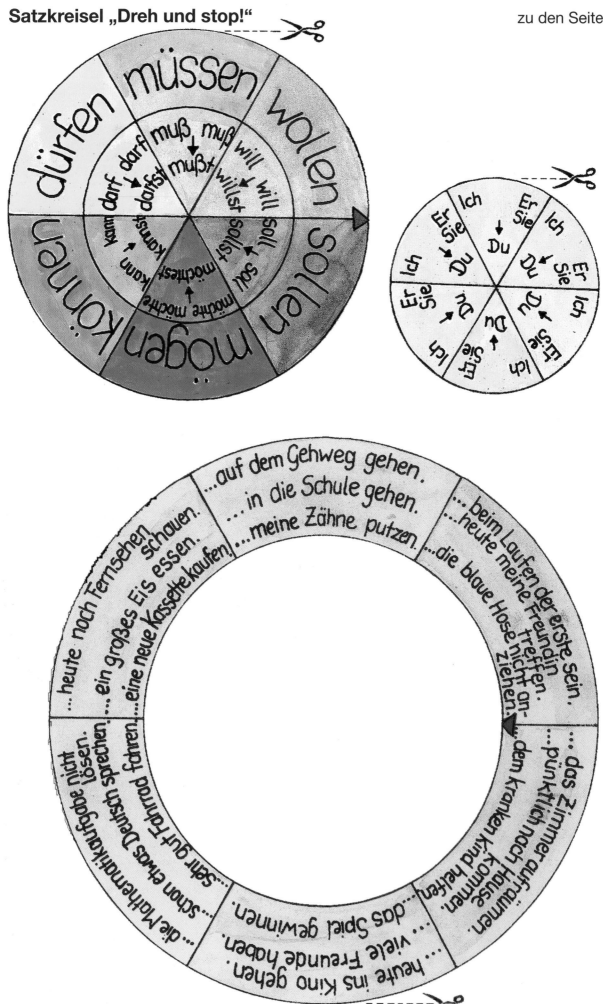

Brettspiel „Ferienfotos"

zu den Seiten 24 und 25

Brettspiel „Ferienfotos"

zu den Seiten 24 und 25

Spielregel:

- Alle 16 Kärtchen liegen mit dem Bild nach oben auf dem Tisch.

- Wer zuerst eine Sechs würfelt, darf beginnen.

- Der Spieler nimmt die Karte vom Tisch, die zum ersten Bild auf dem Spielplan paßt.

- Er spricht zum Bild:
  „Ich habe…" oder
  „Ich bin…" (Perfekt)

- Wenn der Satz richtig ist, darf er 3 Kästchen weiterrücken, wenn er falsch ist, muß er 2 Kästchen zurücksetzen. (Die richtige Lösung steht auf der Rückseite der Bildkärtchen.)

- Dann kommt der nächste Spieler an die Reihe.

- Wer zuerst am Ziel ist, hat gewonnen.

Ich bin mit dem Boot gefahren.	Ich bin im Wald gelaufen.	Ich habe Fußball gespielt.	Ich habe ein Tor geschossen.
Ich bin ins Freizeitheim gegangen.	Ich habe Fische gefangen.	Ich habe Äpfel gepflückt.	Ich habe ein Spiel gespielt.
Ich bin Fahrrad gefahren.	Ich bin auf die Mauer geklettert.	Ich habe Kassetten gehört.	Ich habe im Meer gebadet.
Ich habe meine Oma besucht.	Ich bin vom Baum gefallen.	Ich habe Eis geholt.	Ich habe Spaghetti gekocht.

Domino „Die Zitrone ist aber sauer!"

(Fortsetzung auf S. 106)

zu den Seiten 28 und 29

Schneide die Kärtchen aus und mische sie gründlich!
Lege sie so zusammen, daß Bild und Wort zusammenpassen!

Kopiervorlage für weitere Dominos

Kopiervorlage für weitere Dominos

Domino „Die Zitrone ist aber sauer!"
(Teil 2)

zu den Seiten 28 und 29

Kartenspiel „Kauf gut ein!"

zu den Seiten 36 und 37

Zwei Spieler – ein Käufer und ein Verkäufer

● Du bist in der letzten Zeit sehr gewachsen, so daß dir nichts mehr richtig paßt. Deine Eltern geben dir
  200,– DM, und du darfst dir selbst Kleidung dafür kaufen. Also, kauf gut ein!
● Alle Karten liegen offen wie in einem Schaufenster. Du wählst aus, und sprichst dazu den passenden Satz,
  z.B. „Ich möchte den bunten, weichen Pullover für 69,– DM."
● Der Verkäufer paßt gut auf, ob du einen Fehler machst. Dazu liest er den Text auf der Rückseite der Karte mit.
  Er gibt dir die Karte, wenn alles richtig war.
● Sagst du einen falschen Satz, verlierst du 20,– DM von deinem Einkaufsgeld. Kaufst du für weniger als
  200,– DM ein, so verschenkst du den Rest. Kaufst du aber zu viel ein, so verlierst du alles! Der Verkäufer muß
  natürlich gut mitrechnen!

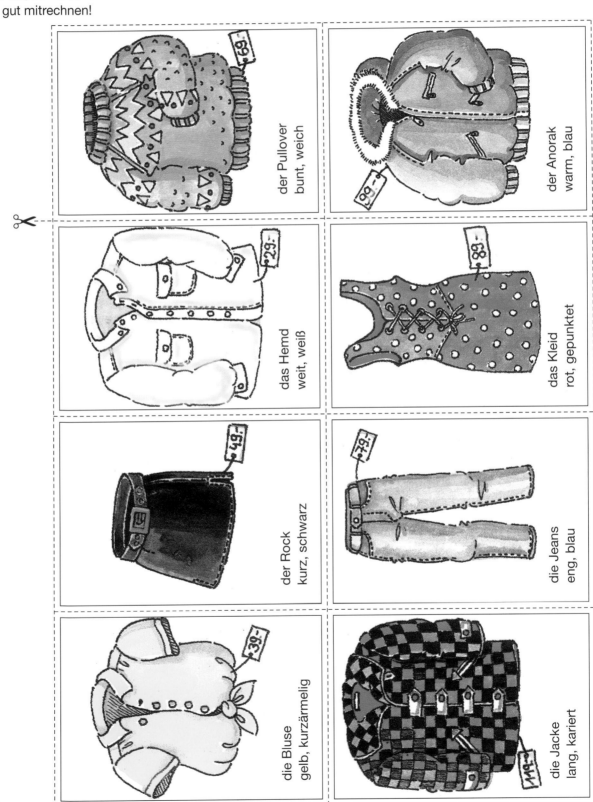

Ich möchte den warmen, blauen Anorak für 99,– DM.

Ich möchte den bunten, weichen Pullover für 69,– DM.

Ich möchte das rote, gepunktete Kleid für 89,– DM.

Ich möchte das weite, weiße Hemd für 29,– DM.

Ich möchte die enge, blaue Jeans für 79,– DM.

Ich möchte den kurzen, schwarzen Rock für 49,– DM.

Ich möchte die lange, karierte Jacke für 119,– DM.

Ich möchte die gelbe, kurzärmelige Bluse für 39,– DM.

Ich möchte die kurze, braune Lederjacke für 159,– DM.

Ich möchte den hellen, leichten Mantel für 129,– DM.

Ich möchte die braunen, weiten Stiefel für 99,– DM.

Ich möchte die große, blaue Mütze für 9,– DM.

Ich möchte die schwarzen, flachen Schuhe für 49,– DM.

Ich möchte den langen, weichen Schal für 29,– DM.

Ich möchte die weißen, hohen Turnschuhe für 89,– DM.

Ich möchte das große, bunte Tuch für 19,– DM.

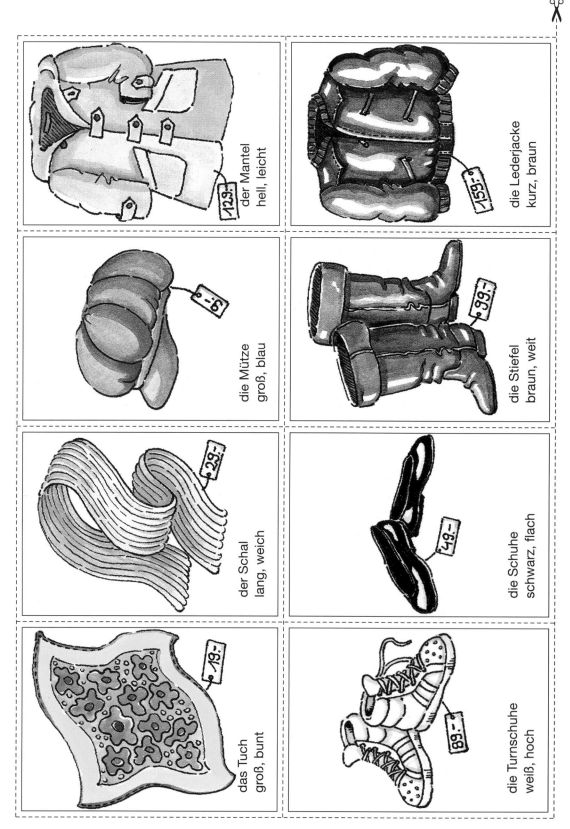

der Mantel
hell, leicht
129.-

die Lederjacke
kurz, braun
159.-

die Mütze
groß, blau
9.-

die Stiefel
braun, weit
39.-

der Schal
lang, weich
29.-

die Schuhe
schwarz, flach
49.-

das Tuch
groß, bunt
19.-

die Turnschuhe
weiß, hoch
89.-

Quiz „Was machst du da?"

zu den Seiten 38 und 39

Spielanweisung für 4 Spieler

- Die Fragekarten liegen verdeckt auf einem Stapel.
- Die Antwortkarten werden verteilt.
- Reihum hebt man eine Fragekarte ab und stellt die Frage einem Mitspieler.

- Hat dieser eine passende Antwort, darf er ablegen. Lustige Antworten sind erlaubt. (Die möglichen Lösungen stehen auf der Rückseite.)
- Das Quiz ist zu Ende, wenn alle Fragen beantwortet sind.
- Vielleicht schreibt ihr noch mehr Frage- und Antwortkärtchen dazu?

---

1 Dein/e Freund/in ist sauer und spricht nicht mit dir!

Was machst du da?

A Ich schenke ihm/ihr eine Tüte Gummibärchen und frage dann, was los ist.

9 Du mußt an die Tafel. Hinter dir hörst du lautes Lachen!

Was machst du da?

I Ich laß mich nicht irre machen und frage später meinen Freund um Rat.

---

2 Dein Fahrrad ist abgesperrt und du hast den Schlüssel verloren!

Was machst du da?

B Ich denke zuerst mal nach.

10 Du hast im Mathe-Test eine Eins!

Was machst du da?

J Ich zwicke sofort meinen Nachbarn/ meine Nachbarin vor Freude in den Arm.

---

3 Du findest den neuen Schüler/ die neue Schülerin so nett!

Was machst du da?

C Ich lade ihn/sie gleich zu mir nach Hause ein.

11 Dein/e Freund/in kommt auf einen anderen Platz, weil ihr soviel redet.

Was machst du da?

K Ich schreibe ihm/ihr gleich einen langen Brief.

---

4 In der Pause schüttet dir jemand Kakao über deine Hose!

Was machst du da?

D Ich sage ihm/ihr, daß er/sie sich sofort entschuldigen soll.

12 Der Lehrer nimmt dir deinen „Walkman" weg!

Was machst du da?

L Ich beschwere mich sofort beim Rektor.

---

5 Du schaffst es endlich, im Sport das Seil hochzuklettern!

Was machst du da?

E Ich falle gleich dem Lehrer/ der Lehrerin um den Hals.

13 Du hast eine neue Frisur. Alle starren dich an!

Was machst du da?

M Ich ärgere mich zuerst, aber lache dann später.

---

6 Du bückst dich, und die Naht deiner Jeans platzt!

Was machst du da?

F Ich bitte gleich die Sekretärin um eine Sicherheitsnadel.

14 Der Lehrer bestellt deinen Vater/ deine Mutter in die Sprechstunde!

Was machst du da?

N Ich überlege mir gleich, wie ich ihm/ihr eine Freude machen kann.

---

7 Der Lehrer nimmt dir im Unterricht dein Lieblingsspielzeug weg!

Was machst du da?

G Ich breche sofort in Tränen aus.

15 Du wirst beim Abschreiben erwischt!

Was machst du da?

O Ich bekomme sofort einen roten Kopf.

---

8 Immer, wenn du vorlesen mußt, lacht ein/e Schüler/in!

Was machst du da?

H Ich strecke ihm/ihr sofort die Zunge raus.

16 Du hast deine Turnhose zu Hause vergessen!

Was machst du da?

P Ich leih' mir sofort eine Hose aus der Nachbarklasse.

	B, G, I, M		A, B, C, D, G, H, K, M, N, O
	E, J		B, G
	B, G, K, L, M, N		J, K, N
	B G, H, I, L, M		D, G, H, L, M, P
	B, G, I, M		E, J
	B, G, I, N, O		B, F, G, I, H, P
	B, G, I, O		A, B, D, E, G, I, L, M, N
	B, G, P		B, G, H, I, M, O

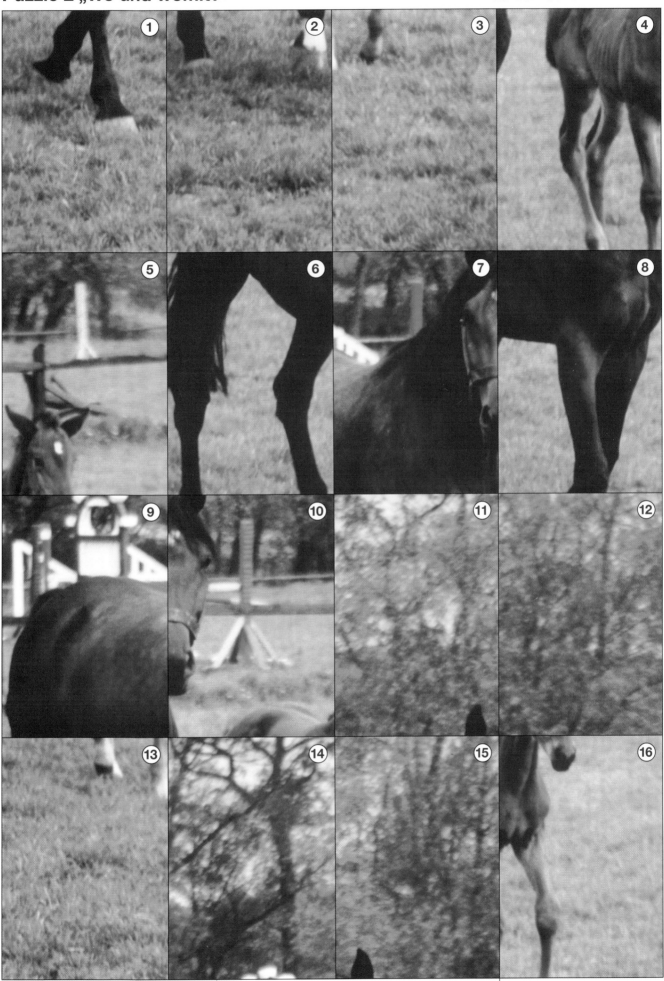

Puzzle „Wo und womit?"

zu den Seiten 44 und 45

Spielregel:

Bilde richtige Sätze! Lege das Puzzle-Teil mit der richtigen Satz-Nummer auf!

Z.B. ⟨2⟩ auf

> Der Vogel sitzt
> auf
>
> der Lampe.   ②
> die Lampe.   ⑭
> eine Lampe. ⑥

Wenn du alles richtig machst, erhältst du ein Bild!

Aufgepaßt! Puzzle-Bild 1 und Satzmuster 1 gehören zusammen!
Puzzle-Bild 2 und Satzmuster 2 gehören zusammen!

Der Vogel sitzt auf	Die Bilder hängen an	Die Jeans liegt unter	Die Klasse fährt in
der Lampe. ② die Lampe. ⑭ eine Lampe. ⑥	ein Wand. ⑪ der Wand. ④ die Wand. ⑬	das Bett. ⑧ dem Bett. ⑮ ein Bett. ①	dem (im) Bus. ⑩ der Bus. ⑤ ein Bus. ⑫
Die Schuhe stehen vor	Die Tasche steht hinter	Der König steht neben	Ich fahre mit
ein Stuhl. ③ dem Stuhl. ⑨ der Stuhl. ⑥	der Tür. ⑯ die Tür. ⑦ eine Tür. ⑫	die Königin. ⑭ eine Königin. ⑩ der Königin. ③	dem Fahrrad ⑦ das Fahrrad ⑤ ein Fahrrad ⑮ nach Hause.
Der Vater fährt mit	Der Strumpf liegt hinter	Die Königin steht neben	Die Stiefel stehen auf
das Auto. ① ein Auto. ③ dem Auto. ⑤	ein Schrank. ⑮ dem Schrank. ⑧ der Schrank. ②	dem Läufer. ⑪ der Läufer. ④ ein Läufer. ⑩	der Fußboden. ⑬ dem Fußboden. ⑭ ein Fußboden. ⑯
Der Pullover liegt in	Die Bluse hängt an	Der Junge spielt mit	Die Figuren stehen auf
der Papierkorb. ⑯ ein Papierkorb. ⑨ dem (im) Papierkorb. ⑫	der Tür. ① eine Tür. ② die Tür. ⑦	ein Hund. ⑧ dem Hund. ⑬ der Hund. ⑪	das Spielfeld. ⑨ ein Spielfeld. ④ dem Spielfeld. ⑥

117

Puzzle 2 „Wo und womit?"

zu den Seiten 44 und 45

Ich gehe mit eine Freundin ② einer Freundin ⑭ die Freundin ⑥ ins Kino.	Die Wäsche liegt in einer Schublade. ⑪ eine Schublade. ④ die Schublade. ⑬	Das Auto hält an eine Ampel. ⑧ einer Ampel. ⑮ die Ampel. ①	Die Schule ist neben der Park. ⑩ ein Park. ⑤ einem Park. ⑫
Das Kind spielt mit die Puppe. ③ einer Puppe. ⑨ eine Puppe. ⑥	Die Jacke hängt an der Haken. ⑯ einem Haken. ⑦ ein Haken. ⑫	Die Familie wohnt an einem See. ⑩ ein See. ⑭ der See. ③	Das Fahrrad steht vor ein Moped. ⑦ das Moped. ⑮ einem Moped. ⑤
Der Omnibus parkt hinter das Lastauto. ① einem Lastauto. ⑥ ein Lastauto. ⑤	Der Kombi fährt neben der PKW. ⑮ einem PKW. ⑧ ein PKW. ②	Die Mutter arbeitet in einem Büro. ④ das Büro. ⑪ ein Büro. ⑩	Das Mädchen fährt mit ein Bus ⑬ der Bus ⑭ einem Bus ⑯ in die Schule.
Tim spricht mit ein Mädchen. ⑯ einem Mädchen. ② das Mädchen. ⑫	Der Schüler sitzt neben einem Fenster. ① das Fenster. ⑨ ein Fenster. ⑦	Anna sitzt neben einem Jungen. ⑬ ein Junge. ⑧ der Junge. ⑪	Der Großvater sitzt an ein Fluß ⑨ der Fluß ④ einem Fluß ③ und angelt.

Zahlen-Bingo

zu den Seiten 48 und 49

Zuerst spricht man den Zahlenraum ab, in dem man spielen will, z. B. a, b, c, oder d. Die Mitspieler schreiben 6 Zahlen aus dem festgelegten Zahlenraum auf ein Blatt. Der Spielleiter liest in beliebiger Reihenfolge Zahlen aus dem festgelegten Zahlenraum vor und markiert sie (mit Bleistift).
Wer zuerst seine 8 Zahlen gehört hat, ruft „Bingo" und wird Spielleiter.

ⓐ

981	982	983	984	985	986	987	988	989	990
991	992	993	994	995	996	997	998	999	1000
1001	1002	1003	1004	1005	1006	1007	1008	1009	1010
1011	1012	1013	1014	1015	1016	1017	1018	1019	1020

ⓑ

10551	10552	10553	10554	10555	10556	10557	10558	10559	10560
10561	10562	10563	10564	10565	10566	10567	10568	10569	10570

ⓒ

100011	100012	100013	100014	100015	100016	100017	100018	100019	100020
100021	100022	100023	100024	100025	100026	100027	100028	100029	100030

ⓓ

999981	999982	999983	999984	999985	999986	999987	999988	999989	999990
999991	999992	999993	999994	999995	999996	999997	999998	999999	1000000

Zahlen-Bingo zu den Seiten 48 und 49

Spielanleitung wie Seite 119, aber der Spielleiter schreibt die Zahlen an.

ⓐ

neun-hundert-einund-achtzig	neun-hundert-zweiund-achtzig	neun-hundert-dreiund-achtzig	neun-hundert-vierund-achtzig	neun-hundert-fünfund-achtzig	neun-hundert-sechsund-achtzig	neun-hundert-siebenund-achtzig	neun-hundert-achtund-achtzig	neun-hundert-neunund-achtzig	neun-hundert-neunzig
neun-hundert-einund-neunzig	neun-hundert-zweiund-neunzig	neun-hundert-dreiund-neunzig	neun-hundert-vierund-neunzig	neun-hundert-fünfund-neunzig	neun-hundert-sechsund-neunzig	neun-hundert-siebenund-neunzig	neun-hundert-achtund-neunzig	neun-hundert-neunund-neunzig	ein-tausend
ein-tausend-eins	ein-tausend-zwei	ein-tausend-drei	ein-tausend-vier	ein-tausend-fünf	ein-tausend-sechs	ein-tausend-sieben	ein-tausend-acht	ein-tausend-neun	ein-tausend-zehn
ein-tausend-elf	ein-tausend-zwölf	ein-tausend-dreizehn	ein-tausend-vierzehn	ein-tausend-fünfzehn	ein-tausend-sechzehn	ein-tausend-siebzehn	ein-tausend-achtzehn	ein-tausend-neunzehn	ein-tausend-zwanzig

ⓑ

zehn-tausend-fünf-hundert-einund-fünfzig	zehn-tausend-fünf-hundert-zweiund-fünfzig	zehn-tausend-fünf-hundert-dreiund-fünfzig	zehn-tausend-fünf-hundert-vierund-fünfzig	zehn-tausend-fünf-hundert-fünfund-fünfzig	zehn-tausend-fünf-hundert-sechsund-fünfzig	zehn-tausend-fünf-hundert-siebenund-fünfzig	zehn-tausend-fünf-hundert-achtund-fünfzig	zehn-tausend-fünf-hundert-neunund-fünfzig	zehn-tausend-fünf-hundert-sechzig
zehn-tausend-fünf-hundert-einund-sechzig	zehn-tausend-fünf-hundert-zweiund-sechzig	zehn-tausend-fünf-hundert-dreiund-sechzig	zehn-tausend-fünf-hundert-vierund-sechzig	zehn-tausend-fünf-hundert-fünfund-sechzig	zehn-tausend-fünf-hundert-sechsund-sechzig	zehn-tausend-fünf-hundert-siebenund-sechzig	zehn-tausend-fünf-hundert-achtund-sechzig	zehn-tausend-fünf-hundert-neunund-sechzig	zehn-tausend-fünf-hundert-siebzig

ⓒ

ein-hundert-tausend-elf	ein-hundert-tausend-zwölf	ein-hundert-tausend-dreizehn	ein-hundert-tausend-vierzehn	ein-hundert-tausend-fünfzehn	ein-hundert-tausend-sechzehn	ein-hundert-tausend-siebzehn	ein-hundert-tausend-achtzehn	ein-hundert-tausend-neunzehn	ein-hundert-tausend-zwanzig
ein-hundert-tausend-einund-zwanzig	ein-hundert-tausend-zweiund-zwanzig	ein-hundert-tausend-dreiund-zwanzig	ein-hundert-tausend-vierund-zwanzig	ein-hundert-tausend-fünfund-zwanzig	ein-hundert-tausend-sechsund-zwanzig	ein-hundert-tausend-siebenund-zwanzig	ein-hundert-tausend-achtund-zwanzig	ein-hundert-tausend-neunund-zwanzig	ein-hundert-tausend-dreißig

ⓓ

neun-hundert-neunund-neunzig-tausend-neun-hundert-einund-achtzig	neun-hundert-neunund-neunzig-tausend-neun-hundert-zweiund-achtzig	neun-hundert-neunund-neunzig-tausend-neun-hundert-dreiund-achtzig	neun-hundert-neunund-neunzig-tausend-neun-hundert-vierund-achtzig	neun-hundert-neunund-neunzig-tausend-neun-hundert-fünfund-achtzig	neun-hundert-neunund-neunzig-tausend-neun-hundert-sechsund-achtzig	neun-hundert-neunund-neunzig-tausend-neun-hundert-siebenund-achtzig	neun-hundert-neunund-neunzig-tausend-neun-hundert-achtund-achtzig	neun-hundert-neunund-neunzig-tausend-neun-hundert-neunund-achtzig	neun-hundert-neunund-neunzig-tausend-neun-hundert-neunzig
neun-hundert-neunund-neunzig-tausend-neun-hundert-einund-neunzig	neun-hundert-neunund-neunzig-tausend-neun-hundert-zweiund-neunzig	neun-hundert-neunund-neunzig-tausend-neun-hundert-dreiund-neunzig	neun-hundert-neunund-neunzig-tausend-neun-hundert-vierund-neunzig	neun-hundert-neunund-neunzig-tausend-neun-hundert-fünfund-neunzig	neun-hundert-neunund-neunzig-tausend-neun-hundert-sechsund-neunzig	neun-hundert-neunund-neunzig-tausend-neun-hundert-siebenund-neunzig	neun-hundert-neunund-neunzig-tausend-neun-hundert-achtund-neunzig	neun-hundert-neunund-neunzig-tausend-neun-hundert-neunund-neunzig	eine Million

Wettlauf „Schnitzeljagd"

zu den Seiten 50 und 51

Spielanweisung:

3 Parteien können mitspielen:
eine mit rotem Spielpüppchen und roten Karten,
eine mit blauen und eine mit grünen.

Die Karten liegen mit dem Bild nach oben
ungeordnet auf dem Tisch.

Mit dem Startzeichen beginnt für alle das Spiel:

Jede Partei sucht ihre Startkarte heraus.
Auf der Rückseite der Karten steht jeweils,
welchen Weg man gehen muß.
Wer richtig geht, findet seinen Schatz!
Vielleicht bist du die oder der erste!

Viel Spaß!

Kärtchen zu Wettlauf „Schnitzeljagd"

zu den Seiten 50 und 51

Finde die Bäckerei!	Finde die Schule!	Finde die Post!
Du gehst links, immer geradeaus bis zum Ende der Straße zu einem Platz.	Geh gleich links in das zweite Geschäft!	Du gehst die Spielstraße rechts bis zu dem flachen Haus.
Du biegst jetzt links in die Bahnhofstraße ein. Die erste Straße gehst du rechts. Du überquerst die Straße.	Überquere die Schulstraße und geh ein kleines Stück Richtung Haltestelle! An der Ecke links bis zur nächsten Straße.	Du gehst ein Stück geradeaus bis zu dem Platz.
Du gehst jetzt links und noch einmal links.	Geh die Parkstraße ein Stück geradeaus! Überquere die Bahnhofstraße!	Geh über den Sportplatz bis zur Bahnhofstraße und überquere sie!
Du überquerst eine Straße. Vor dir ist ein großes Haus.	Geh ein kleines Stück links! Überquere hier die Bahnhofstraße!	Geh diese Straße rechts bis zum Platz!
Du gehst jetzt rechts. Neben der Post ist das Haus mit dem Schatz!	Geh wieder zur Bahnhofstraße und überquere sie! Geh in das flache Haus.	Überquere den Bahnhofplatz Richtung Schulstraße! Im 1. Haus rechts ist dein Schatz!
Bei den Kinderbüchern steht dein Schatz!	Unten im Schwimmbad im Wasser ist dein Schatz!	Im Museum findest du deinen Schatz!

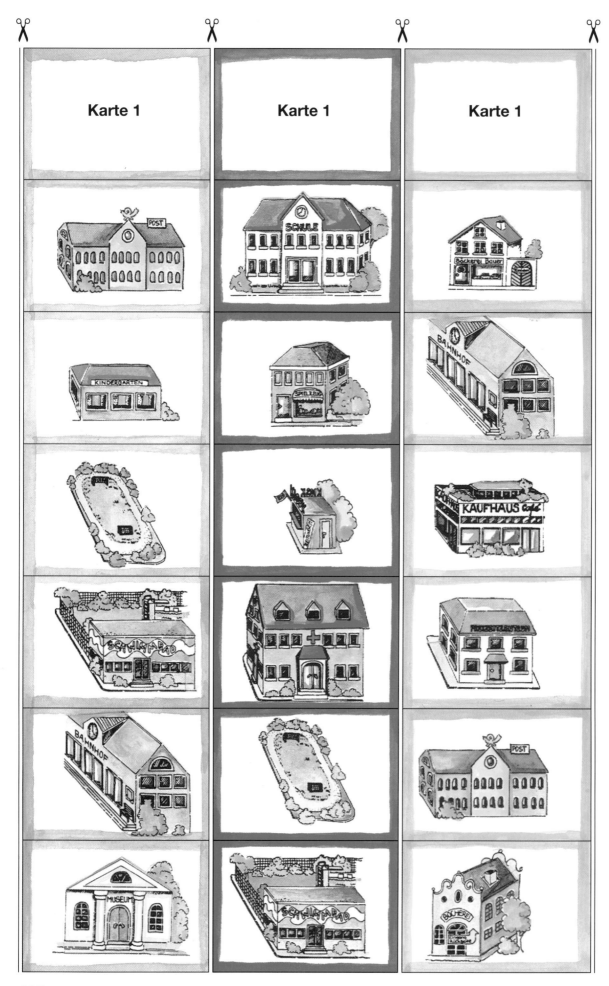

Puzzle „Gefühle"

zu den Seiten 56 und 57

Lies die Sätze! Welche Nummer paßt?

Schneide die Bildteile aus und lege die Bildnummer auf die dazu passende Satznummer!

Wenn du alles richtig machst, erhältst du ein Bild!

Der Verkäufer sagt: „Kann ich dir helfen?" ① Er ist nicht nett. ② Er ist freundlich.	Du bist im Kino. Nach 20 Minuten bist du ganz müde. ③ Der Film ist spannend. ④ Er ist interessant. ⑨ Er ist langweilig.	Du findest ein Spiel schön. Du möchtest es spielen. Du sagst: ⑥ Es gefällt mir. ① Es gefällt mir nicht. ④ Ich habe keine Lust.
Du siehst ein Fußballspiel. Erst bist du ganz müde, dann bist du ganz wach. ⑧ Es ist langweilig. ⑤ Es ist interessant. ④ Es gefällt dir nicht.	Freunde wollen, daß du kommst. Du möchtest jetzt aber nicht. Du sagst: ① Oh ja, ich komme gleich. ③ Ich habe keine Lust. ⑨ Mir ist langweilig.	Ein Freund kommt nicht zu deinem Geburtstag: ⑦ Das ist aber nett. ④ Das ist aber schade. ⑥ Das ist gut.
Im Park sagt ein Mann: „Hau ab, hier dürfen Kinder nicht spielen!" Das ist ② freundlich. ① nicht nett. ⑨ nett.	Deine Freundin ruft an. Sie ist krank. Du sagst: ③ Das ist aber nett. ⑧ Das tut mir leid. ⑦ Das ist aber schön.	Du schaust im Geschäft Bälle an. Den roten Ball findest du nicht schön. Du sagst: ③ Der rote Ball ist gut. ⑦ Der rote Ball gefällt mir nicht.

Quartett „Obst und Gemüse"

zu den Seiten 62 und 63

Spielanweisung:

- Zuerst die Karten ausschneiden, mischen und austeilen.

- Der erste im Alphabet fängt an.

- Jeder Spieler möchte ein Quartett, also vier zusammenpassende Karten haben. Hat er diese vier Karten, darf er sie ablegen.

- Fehlt ihm eine Karte, so fragt er einen anderen Mitspieler, der die gesuchte Karte vielleicht hat. Er hat z.B. „einen grünen Apfel" und fragt „Ich möchte eine saftige Birne."

- Hat der aufgerufene Spieler die gesuchte Karte, muß er sie abgeben, und der erste Spieler darf weiterfragen. Hat er die Karte nicht, darf er selbst weiterfragen.

- Wer als erster keine Karten mehr hat, also alle Karten ablegen konnte, hat gewonnen.

Kopiervorlage für weitere Quartettspiele

✂

✻ Zitrusfrüchte — die Mandarine

(Ich habe
* eine kernlose Mandarine.)
Ich möchte
* eine saftige Grapefruit.
* eine saure Zitrone.
* eine süße Orange.

△ Steinobst — die Aprikose

(Ich habe
* eine weiche Aprikose.)
Ich möchte
* eine süße Kirsche.
* eine blaue Pflaume.
* einen saftigen Pfirsich.

✻ Zitrusfrüchte — die Orange

(Ich habe
* eine süße Orange.)
Ich möchte
* eine kernlose Mandarine.
* eine saftige Grapefruit.
* eine saure Zitrone.

△ Steinobst — der Pfirsich

(Ich habe
* einen saftigen Pfirsich.)
Ich möchte
* eine weiche Aprikose.
* eine süße Kirsche.
* eine blaue Pflaume.

✻ Zitrusfrüchte — die Zitrone

(Ich habe
* eine saure Zitrone.)
Ich möchte
* eine süße Orange.
* eine kernlose Mandarine.
* eine saftige Grapefruit.

△ Steinobst — die Pflaume

(Ich habe
* eine blaue Pflaume.)
Ich möchte
* einen saftigen Pfirsich.
* eine weiche Aprikose.
* eine süße Kirsche.

✻ Zitrusfrüchte — die Grapefruit

(Ich habe
* eine saftige Grapefruit.)
Ich möchte
* eine saure Zitrone.
* eine süße Orange.
* eine kernlose Mandarine.

△ Steinobst — die Kirsche

(Ich habe
* eine süße Kirsche.)
Ich möchte
* eine blaue Pflaume.
* einen saftigen Pfirsich.
* eine weiche Aprikose.

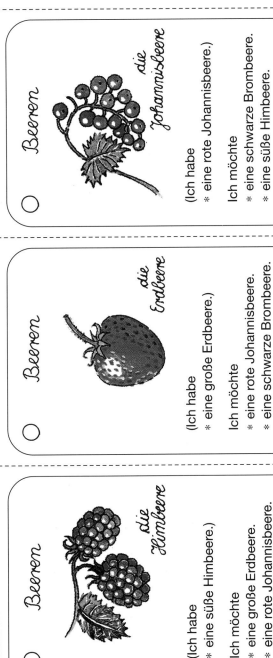

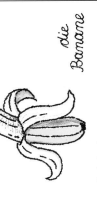

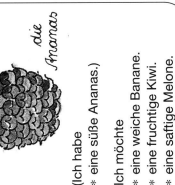

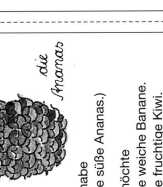

Beeren

die Brombeere

(Ich habe
* eine schwarze Brombeere.)

Ich möchte
* eine süße Himbeere.
* eine große Erdbeere.
* eine rote Johannisbeere.

Exotische Früchte

die Melone

(Ich habe
* eine saftige Melone.)

Ich möchte
* eine süße Ananas.
* eine weiche Banane.
* eine fruchtige Kiwi.

Beeren

die Johannisbeere

(Ich habe
* eine rote Johannisbeere.)

Ich möchte
* eine schwarze Brombeere.
* eine süße Himbeere.
* eine große Erdbeere.

Exotische Früchte

die Kiwi

(Ich habe
* eine fruchtige Kiwi.)

Ich möchte
* eine saftige Melone.
* eine süße Ananas.
* eine weiche Banane.

Beeren

die Erdbeere

(Ich habe
* eine große Erdbeere.)

Ich möchte
* eine rote Johannisbeere.
* eine schwarze Brombeere.
* eine süße Himbeere.

Exotische Früchte

die Banane

(Ich habe
* eine weiche Banane.)

Ich möchte
* eine fruchtige Kiwi.
* eine saftige Melone.
* eine süße Ananas.

Beeren

die Himbeere

(Ich habe
* eine süße Himbeere.)

Ich möchte
* eine große Erdbeere.
* eine rote Johannisbeere.
* eine schwarze Brombeere.

Exotische Früchte

die Ananas

(Ich habe
* eine süße Ananas.)

Ich möchte
* eine weiche Banane.
* eine fruchtige Kiwi.
* eine saftige Melone.

Kopiervorlage für weitere Quartettspiele

Kopiervorlage für weitere Quartettspiele

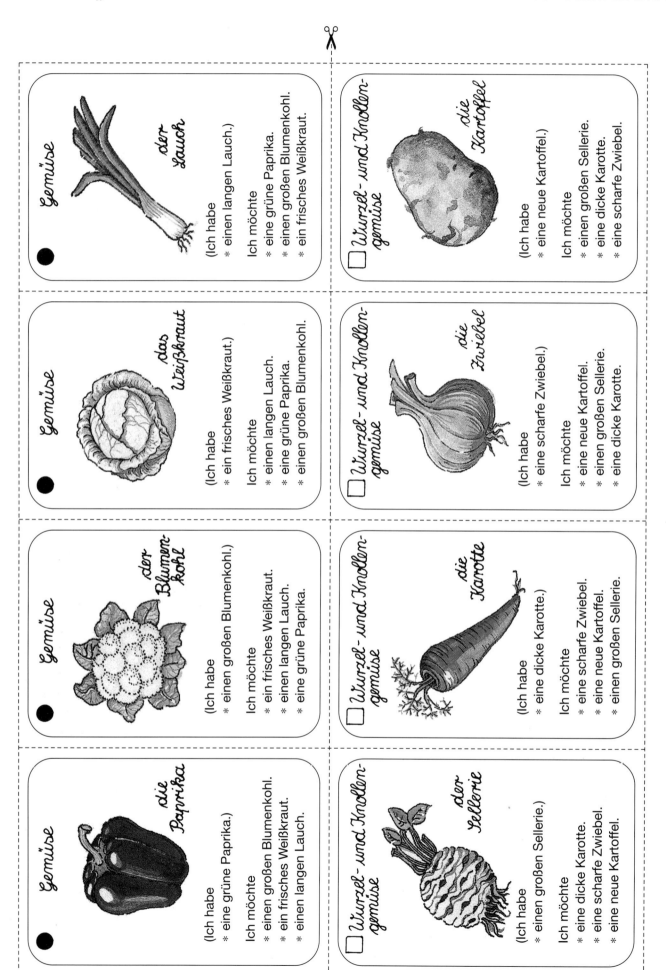

Gemüse

der Lauch

(Ich habe
* einen langen Lauch.)

Ich möchte
* eine grüne Paprika.
* einen großen Blumenkohl.
* ein frisches Weißkraut.

Wurzel- und Knollengemüse

die Kartoffel

(Ich habe
* eine neue Kartoffel.)

Ich möchte
* einen großen Sellerie.
* eine dicke Karotte.
* eine scharfe Zwiebel.

Gemüse

das Weißkraut

(Ich habe
* ein frisches Weißkraut.)

Ich möchte
* einen langen Lauch.
* eine grüne Paprika.
* einen großen Blumenkohl.

Wurzel- und Knollengemüse

die Zwiebel

(Ich habe
* eine scharfe Zwiebel.)

Ich möchte
* eine neue Kartoffel.
* einen großen Sellerie.
* eine dicke Karotte.

Gemüse

der Blumenkohl

(Ich habe
* einen großen Blumenkohl.)

Ich möchte
* ein frisches Weißkraut.
* einen langen Lauch.
* eine grüne Paprika.

Wurzel- und Knollengemüse

die Karotte

(Ich habe
* eine dicke Karotte.)

Ich möchte
* eine scharfe Zwiebel.
* eine neue Kartoffel.
* einen großen Sellerie.

Gemüse

die Paprika

(Ich habe
* eine grüne Paprika.)

Ich möchte
* einen großen Blumenkohl.
* ein frisches Weißkraut.
* einen langen Lauch.

Wurzel- und Knollengemüse

der Sellerie

(Ich habe
* einen großen Sellerie.)

Ich möchte
* eine dicke Karotte.
* eine scharfe Zwiebel.
* eine neue Kartoffel.

▷ Heimische Früchte — der Kürbis

(Ich habe
* einen großen Kürbis.)

Ich möchte
* einen grünen Apfel.
* eine saftige Birne.
* eine kernlose Traube.

▷ Heimische Früchte — die Traube

(Ich habe
* eine kernlose Traube.)

Ich möchte
* einen großen Kürbis.
* einen grünen Apfel.
* eine saftige Birne.

▷ Heimische Früchte — die Birne

(Ich habe
* eine saftige Birne.)

Ich möchte
* eine kernlose Traube.
* einen großen Kürbis.
* einen grünen Apfel.

▷ Heimische Früchte — der Apfel

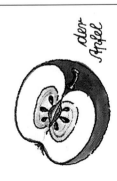

(Ich habe
* einen grünen Apfel.)

Ich möchte
* eine saftige Birne.
* eine kernlose Traube.
* einen großen Kürbis.

Salate — der Rettich

(Ich habe
* einen milden Rettich.)

Ich möchte
* einen grünen Kopfsalat.
* eine lange Gurke.
* eine feste Tomate.

Salate — die Tomate

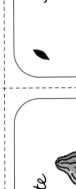

(Ich habe
* eine feste Tomate.)

Ich möchte
* einen milden Rettich.
* einen grünen Kopfsalat.
* eine lange Gurke.

Salate — die Gurke

(Ich habe
* eine lange Gurke.)

Ich möchte
* eine feste Tomate.
* einen milden Rettich.
* einen grünen Kopfsalat.

Salate — der Kopfsalat

(Ich habe
* einen grünen Kopfsalat.)

Ich möchte
* eine lange Gurke.
* eine feste Tomate.
* einen milden Rettich.

Kopiervorlage für weitere Quartettspiele